Estoy tratando de sentarme a sus pies,

pero..., ¿quién cocina?

Cathy Lechner

CASA
CREACIÓN

Con todo amor,

dedico este libro a mi «Booz»,
mi amado esposo Randi.

Reconocimientos

Estaré eternamente agradecida a las siguientes personas.
Ellas aman en mí lo bueno, lo malo, y todo lo que hay
entremedio de lo uno y lo otro.

Mis preciosos hijos Jerusha, Hannah, Gabriel,
Samuel y Abagael.

Erin ¿qué hubiese hecho sin ti? Eres más que una secretaria,
eres mi amiga para siempre.

A mis asombrosos y pacientes padres, Clive y Rose Rothert,
por las muchas horas dedicadas a mecanografiar y editar,
así como por los meses que renunciaron a su ministerio
para servir al mío. Solamente el Señor sabe su sacrificio.

A mis maravillosos pastores de New Covenant Ministries,
Wiley y Jeana Tomlinson, quienes hablan fe y verdad,
mucho de lo cual se encuentra en este libro.
¡Ustedes son los mejores pastores del mundo!

A mi abuela Ruth, quien con sus ochenta y ocho años
de vida, oración y ejemplo piadoso, me sostuvo
en los momentos difíciles.

A nuestro extraordinario plantel de Covenant Ministries,
que desinteresadamente se entregan para construir
el reino de nuestro Señor Jesús: Trudy Cooper, Mark Cooper,
Eric y Lynn Jones y Laura Lee O'Toole.

A Esteban y Joy Strang, junto con el plantel de Casa Creación,
quienes vieron en mí algo que yo no pude ver, e hicieron
que un sueño se hiciera realidad.

Y, más que nada, le doy la gloria y el honor
a mi Señor Jesucristo.
Él me ama, me guarda y me da vida.

Índice

Quiero ser espiritual, pero no puedo recordar la letra de las canciones escriturales

—¡Bajen la cabeza y cúbranse con la lona! —gritó el pastor filipino desde el asiento delantero.

Inmediatamente mi hija Jerusha y yo nos tiramos al suelo y nos cubrimos. El único ruido que escuchaba era el golpear de las piedras bajo las llantas del veloz camión, junto con el sonido de mi corazón palpitante.

Esto no era lo que me había imaginado unos meses antes, cuando recibí una carta pidiéndome que fuera a ministrar en una conferencia de pastores en la isla de Mindanao, en Filipinas.

Después de una conferencia de cuatro días, íbamos a una ciudad costera para llevar a cabo una cruzada y animar a las iglesias locales. El pastor nos dijo que ese mismo día había recibido una amenaza de parte de los musulmanes, diciendo que iban a matar a dos estadounidenses. Bien, éramos solo cuatro: mi madre, mi padre, mi hija y yo. Pensé: «*Mis padres han vivido una vida buena y plena. ¡Qué mejor manera de irse que como mártires del Reino!*» El pastor nos colocó en vehículos separados de camino a la conferencia. Acostada bajo la lona, estaba bien consciente del peligro en el que nos encontrábamos si los fanáticos musulmanes nos estaban esperando.

Pensé para mí misma: «*¿No fue esta misma mañana que estaba sentada a la luz del sol, bajo el mosquitero, llorando y adorando al Señor?*» Parecía haber pasado toda una vida cuando escuché el dulce susurro del Espíritu Santo: «Hija, estás a salvo. Estás tan segura ahora, en medio del viaje, como lo estarás cuando llegues.»

Como en un murmullo, le pregunté a mi hija si tenía miedo.

—Claro que no —me dijo con voz firme—. El Señor proveyó el dinero para que pudiese venir acá y voy a ministrar contigo. Además, todas las profecías para mí no se han cumplido aún, así que no me puedo morir ahora.

Volví a susurrarle, animándola:

—Tampoco yo tengo miedo; solamente estaba verificando cómo estabas. —hablando sobre el llamar «a las cosas que no son, como si fuesen» (Romanos 4.17).

Al final, salimos adelante. De hecho, en mi vida, una y otra vez salí adelante. Este libro no tiene las páginas suficientes para relatar las veces en que tuve la espalda contra la pared, ya sea física, emocional o espiritualmente. Pero mi Dios siempre me sacó adelante.

¿De dónde viene la esperanza para seguir adelante? Mi fortaleza viene de estar a los pies del Señor. Derramando mi amor, diciéndole cuánto confío en Él, aun cuando no comprendo todo por lo cual tengo que pasar. A cambio, Él me da fuerza, gozo y victoria para enfrentar la prueba. El ministerio que el Señor me ha dado misericordiosamente, es de naturaleza profética. Es conocer el corazón y la mente de Dios cuando *Él* le habla a mi espíritu para compartir con una persona, una pareja o una congregación. Ese don viene acompañado con la unción para romper yugos y ataduras, bajo las que se encuentran muchos cristianos preciosos. Viajando por el mundo he visto, literalmente, miles de personas fortalecidas por «la Palabra del Señor».

También soy esposa y madre. Una mujer muy ocupada con una adolescente y cuatro niños pequeños, de dos años o menos.

Las presiones, distracciones y afanes de la vida intentan desplazar la única cosa que es la fuente de nuestra existencia. Estar en su presencia no es una opción. Ejercitar los principios que se encuentran en este libro no es un lujo, es una necesidad. Podría ir a parar al manicomio y terminar haciendo cestas de mimbre si no fuese porque me refugio bajo el Altísimo. Es más, es el único lugar donde mis hijos no pueden encontrarme.

Querida lectora, he estado donde tú has estado (o donde te encuentras ahora). Puede que no sea el mismo sitio o las mismas circunstancias, pero sé lo que significa batallar con el miedo. Sufrí el rechazo y la traición de personas que dijeron que me amarían toda la vida, mas aprendí el secreto de no guardar amargura. Padecí infertilidad, separación de iglesias y muerte de mascotas. Las aparentes injusticias eran abrumadoras. Conocí la abundancia y viví en la pobreza. Mi amor y confianza en Jesús crecieron en el proceso. Mi ira hacia el enemigo no conoce límites. Casi pierdo mi matrimonio, pero he visto cómo Dios restauró totalmente mis heridas y mi corazón quebrantado.

Tú no has recibido este libro por accidente; es una

cita divina. Con la unción de Dios, estas palabras impresas tienen vida, esperanza y poder. La unción del Espíritu Santo ha preparado esta cita divina como respuesta al clamor de tu corazón.

Aquí nos reiremos juntas y juntas lloraremos, pero Dios va a liberarte y derramará de su gozo en ti, mi amiga. ¿Estás lista?

1

Estoy tratando de sentarme a sus pies, pero, ¿quién prepara la comida?

¿**N**o te encanta cuando tu marido te llama por teléfono y te dice: «...de paso, esta noche vamos a tener alguien con nosotros para cenar»?

Es bastante incómodo cuando te lo dicen por teléfono, pero Marta no fue tan afortunada. La Palabra nos dice:

> «Aconteció que yendo de camino, entró en una aldea; y una mujer llamada Marta le recibió en su casa. Esta tenía una hermana que se llamaba María, la cual, sentándose a los pies del Señor, oía su palabra. Pero Marta se preocupaba con muchos quehaceres, y acercándose, dijo: Señor, ¿no te da cuidado que mi hermana me deje servir sola? Dile, pues, que me ayude.

»Respondiendo Jesús, le dijo: Marta, Marta, afanada y turbada estás con muchas cosas. Pero solo una cosa es necesaria; y María ha escogido la buena parte, la cual no le será quitada.«

—Lucas 10.38-42

Mucha gente ha descrito a Marta como una mujer no espiritual. Aun cuando se viera como una mujer que atrae a las críticas, sabemos que si no tuviésemos Martas, no podríamos tener las magníficas conferencias que tenemos hoy día. ¡Nunca se organizarían!

Marta tenía un espíritu de hospitalidad, la habilidad de entretener. Cuando golpean a su puerta, ella recibe a Jesús y a sus acompañantes. Me la puedo imaginar corriendo a la cocina y abriendo los armarios para ver qué puede cocinar. Sin duda, en la aldea tenía la reputación de ser una agradable anfitriona y tenía que mantener la imagen.

Entonces estaba María. Todo lo que ella quería hacer era sentarse a los pies del Maestro, escucharlo y estar en su presencia; lo cual no le parecía muy bien a su hermana Marta.

Anteriormente, en el libro de Lucas, se cuenta la historia de una mujer que tomó una vasija de alabastro, llena de aceite perfumado, y lo derramó sobre los pies de Jesús. Probablemente fuese María. Los que estaban a su lado la reprendieron —ese perfume valía lo mismo que un año de salario y representaba los aportes previsionales de una persona. A medida que podían, le iban agregando más y lo guardaban para usarlo o venderlo cuando llegaran a viejos.

Marta era una auténtica sierva. Nadie tenía una casa como la suya. Nadie podía hacer que uno se sintiera tan bien en su casa. Siempre estaba sirviendo. El servicio se asocia al trabajo, y pienso que ella sentía que su hermana debía estar haciendo algo más.

Estoy segura que María ayudaba con las tareas de la casa, iba al mercado y hacía todas las cosas de las mujeres de aquella época, porque, de no ser así, Marta hubiese tenido que decir de ella mucho más de lo que dijo.

La diferencia no estaba tanto en lo que hacía sino en la actitud.

Podemos estar tan ocupadas haciendo cosas que nos aturdimos. Ahí es donde desarrollamos una mala actitud hacia los mismos a quienes servimos. No hay duda que Marta era devota y estaba comprometida con Jesús. ¿Acaso no era una buena anfitriona? ¿No había abierto su casa y le había servido cada vez que venía al pueblo?

¿Intimidad en cinco minutos?

María se había dado cuenta de que servir no era tan importante como saber. Tomaba tiempo para estar en la presencia del Señor, a pesar de haber otras «cosas buenas» para hacer. A muchas de nosotras nos gustaría ser como María, pero resulta que nos encontramos haciendo lo mismo que Marta.

Empezamos el día con la intención de estar en la presencia del Señor, y nos sentimos culpables por nuestro descuido espiritual. De pronto nos damos cuenta que es muy tarde y que debemos estar listas para ir a trabajar. Saltamos al automóvil, vamos por el camino cantando: «Te amo Jesús, y levanto mi voz cantando ¡Aleluya!» «¿Qué pasa con ese conductor? ¿No puede apurarse?» «¡Hey! ¡Córrase de mi camino!» «Oh sí, Jesús; quédate conmigo en este día...» «¡Tuut! ¡Tuuut!»

«...necesito tu protección». ¿A ti te resulta conocida la escena?

Me pregunto cómo te sentirías si tu marido viene y te dice:

—En diez minutos tengo que estar en la oficina. Métete en el automóvil y tendremos un poco de intimidad en el camino.

Suena ridículo, ¿verdad? Pero, ¿no es así, acaso, como tratamos con frecuencia a Jesús?

Algunos sustituyen la intimidad con Dios con un «buen programa cristiano» en la televisión. Algo así como una «tercera persona». También están quienes toman provecho de su tiempo en la ducha, ¡los cinco minutos completos!

Cuando tenemos intimidad con el Señor, Él quiere nuestra atención completa. En nuestro cuarto de oración, a puertas cerradas, nada más que Él y nosotras. Has oído decir que no es cuán alto saltes el domingo, sino cuán cercana a Él camines el resto de la semana. Jesús les dijo a sus discípulos que entraran en su aposento y cerraran la puerta. Eso significa cerrar la puerta a nuestra vida ocupada, a nuestros deseos y circunstancias. La intimidad en la oración no se puede lograr mientras no entremos al cuarto y cerremos la puerta.

No quiero hacer nada equivocado; detesto las reprimendas

Jesús amaba verdaderamente a Marta y apreciaba su corazón servicial. Pero María sabía lo que era adorar y servir. Marta no sabía lo que era sentarse a los pies de Jesús; a ella le preocupaban más la comida y los platos.

Jesús reprendió a Marta. Le dijo: «Marta, Marta, afanada y turbada estás con muchas cosas. Pero solo una cosa es necesaria; y María ha escogido la buena parte, la cual no le será quitada.» Creo que se lo dijo con amor. Sólo porque nos corrige no significa que no nos ama. La Palabra nos dice que Jesús amaba a Marta, a su hermana y a su hermano. Fíjate que no dice: «María y su hermana y hermano» (Juan 11.5).

Siempre me sorprenden las respuestas que me dan cuando le pregunto a alguien si es cristiano. Me dicen a qué iglesia van y en cuántas comisiones participan. Todo eso es maravilloso, pero mi pregunta es: ¿cuánto tiempo pasas haciendo la buena parte, como lo es el sentarte a los pies de Jesús?

La segunda cosa que le ocurrió a Marta es que se irritó. Perdió el enfoque. Cuanto más trabajaba en la casa, más se frustraba.

Tú sabes cómo reaccionas cuando estás irritada y le das a todos el «tratamiento del silencio». Comienzas a golpear las cosas; las puertas de los armarios se golpean fervientemente. Alguien lo ha llamado «la maldición carismática».

Luego, alguien te pregunta qué pasa y tú dices, con los labios apretados: «Nada», lo cual es una mentira obvia. Nadie trata de romper las puertas de los armarios si no pasa nada.

Vienen visitas; ¡busca la escoba y el trapo de piso!

En una de mis recientes reuniones se me acercó una mujer toda agitada. Me dijo que necesitaba oración, pero quería ser la primera de la fila, porque debía ir a su casa a pasar la aspiradora.

—Siempre paso la aspiradora los martes. Debo irme enseguida porque no me puedo salir de mi horario.

Mi primer impulso fue decirle: «¡Por favor...!»

Algunas mujeres están planificadas para hacer determinadas tareas en ciertos días. Mi madre era así. Mis padres pastoreaban una pequeña congregación y mi madre ayudaba al sostén de la casa trabajando afuera. Con lluvia o sol, la casa tenía que limpiarse de arriba abajo los sábados. Yo odiaba los sábados. Mis hermanos siempre desaparecían. Y cada vez que se enteraba que alguien venía, mi padre decía que para ella era como si tuviera que hacer una limpieza a fondo. ¡Gracias a Dios que ya no es así!

Con un problema de actitud de esta clase, Marta le estaba diciendo a Jesús una o dos cosas. «¿No te importa que mi hermana se siente a tus pies mientras yo hago todo el trabajo?» Sentía que no se apreciaba lo que ella hacía, y pensó: «¡Tal vez prefiere a María porque ella es tan espiritual...!»

Cuando éramos pastores, ocasionalmente trabajaba en la guardería para niños de la iglesia. Siempre llevaba esas bolsitas azules para poner los pañales mojados, y me irritaba cuando los voluntarios envolvían los pañales sucios en una toalla de papel y los tiraban a la basura. El problema era que los cestos de basura no se vaciaban hasta la semana siguiente, cuando le tocaba limpiar la iglesia a otra persona. A veces, nadie aparecía para limpiar, y el lugar tenía un olor horrible.

Creo que ingresé en la categoría de Marta porque me quejé y protesté, y sentí que no era apreciada. Era servicio sin gozo. Cosechamos lo que sembramos. No importa realmente si alguien nota lo que estamos haciendo, mientras lo hagamos con gozo.

Puedo quedarme en casa y sentirme abatida

He visto mujeres que creen que pueden meter a la fuerza a sus maridos en el Reino. Les anuncian que van a ir a la iglesia, y que, por el bien de los hijos, lo mínimo que pueden hacer es ir con ellas. Cuando llega el momento de salir, están disgustadas e irritadas. Dando un portazo, salen para alabar al Señor.

Casi puedes escuchar al esposo diciéndole: «¿Por qué tengo que ir? Puedo estar enojado y deprimido, precisamente en casa. No necesito lo que dices tener.»

Entonces, las martas son vencidas por un espíritu de aislamiento: «Estoy totalmente sola; todos quieren la gloria pero nadie quiere trabajar.» ¿Cuál es tu motivo al hacer el trabajo del Señor? ¿Es cristocéntrico o martadirigido?

Después del aislamiento viene la irritación. Se convierte en una carga intolerable y te sientes perturbada, ansiosa y tensa. ¡Todo tiene que ser hecho ahora!

Me divierte mucho subir al auto de alguien y que me diga: «Por favor, disculpe el lío; nunca está así.» Pienso que no está siendo sincera; probablemente siempre lo tenga así, porque el mío lo está.

Pienso lo mismo de la limpieza de la casa. Mi excusa es que me he ido y que no he tenido tiempo para hacer una limpieza a fondo, pero si vuelves en diciembre, seguirá igual, por lo que decido esperar hasta la próxima primavera.

Una amiga me estaba ayudando con las tareas de la casa y se había retrasado. Cuando llegó me dijo que había llegado tarde porque se había quedado limpiando los zócalos*. Pensé: «Zócalos..., zócalos... ¿tenemos zócalos aquí?»

Me puedo imaginar a Marta molesta porque María no quería ir a ayudarla en la cocina a lavar los platos. He aprendido que los platos pueden esperar. Una noche, después de cenar con unos amigos, me ofrecí para ayudar con la vajilla.

—No te preocupes por los platos —me contestó mi

---

*Rodapiés; parte inferior sobresaliente de una pared.

amiga—. Apílalos que después los lavaré. Prefiero disfrutar la compañía de ustedes.

Esa respuesta me bendijo, porque siento lo mismo cuando soy anfitriona.

Tengo una palabra para ti

Tú quieres dedicar tiempo a solas con el Señor diariamente. Empiezas bien, pero al rato suena el teléfono, o ves las camas sin hacer, o vas a la refrigeradora y sientes olor como a pescado muerto. Entonces tienes que limpiarla inmediatamente. Te preocupas demasiado por otras cosas que no son el Señor, y no puedes detenerte.

Desconecta el teléfono, cierra los ojos a las tareas de la casa durante esa hora. Siempre habrá oportunidad para hacerlas. El tiempo que pases a solas con el Señor te permitirá hacer mejor el trabajo «martadirigido».

Cuando murió Lázaro, Marta estaba muy enojada con Jesús. Le dijo que si Él hubiera ido enseguida, su hermano no habría muerto (Juan 11.21).

Pero Jesús le dijo que si tan sólo creía, podía ver la gloria del Señor. Si ella hubiese pasado más tiempo a sus pies, en vez de pasar tanto tiempo en la cocina, no hubiera sido tan incrédula.

Es mejor pasar diez minutos ininterrumpidos en su presencia todos los días, que nada. Luego, arregla lo perdido y ora una hora. Estoy acostumbrada a esa rutina: «Haré un solo llamado telefónico y, mientras oro, pongo la ropa a lavar y ese pollo no estará listo para la cena si no lo saco del refrigerador antes de orar..» «¡Eeeepa! ¡La ropa ya está lista!, así que la pongo en la secadora ... bien, será mejor que ponga la otra tanda de ropa a lavar...» Y así sigue y sigue hasta que los chicos vuelven a casa de la escuela, y llega tu esposo, y quiere cenar... Al día siguiente, más de lo mismo.

María nunca dijo una palabra cuando su hermana se enojó con ella. Ni siquiera rechazó a Judas ni a los discípulos cuando la criticaron por romper el perfumero de alabastro y derramar el contenido sobre Jesús. Cuando estás sentada a sus pies y lo miras a los ojos, no importa otra cosa.

Cuando Lázaro murió, Marta fue a su tumba para encontrarse con Jesús, decidida a reprenderlo por no haber venido antes. Ningún otro de los enlutados fue con ella.

Pero cuando Marta vino a toda prisa a la casa para decirle a María que Jesús preguntaba por ella, María salió corriendo a su encuentro, y los demás la siguieron. Me gusta pensar que todos sabían qué clase de persona era ella, una mujer devota a su Señor. Y por eso la siguieron.

Cuando una mujer queda embarazada, su vientre va creciendo. Cuando entra a algún sitio, todo el mundo sabe que ha tenido intimidad con un hombre. Cuando tú pasas tiempo a solas con el Señor, se hace evidente para quienes están a tu alrededor, porque tienes el fruto del Espíritu. Será agradable estar al lado tuyo y tu gozo se esparcirá a tu familia.

Al llegar María al lugar de los hechos, dijo exactamente lo mismo que Marta: «Señor, si hubieras estado aquí, mi hermano no habría muerto» (ver Juan 11.32). La única diferencia fue que ella había estado sentada a sus pies y era capaz de adorarlo aun en el dolor.

Frente a la adversidad, muchas mujeres se apartan de Dios. Dicen que ya no pueden más, y abortan la visión que Él les ha dado justo antes de que la promesa se cumpla. Están atascadas en la transición y se prometen a sí mismas no confiar nunca más.

Al ver Jesús a María llorando, se conmovió profundamente en su Espíritu. La Escritura no muestra que haya reaccionado de la misma manera con Marta.

Aunque amaba a esta, fueron las lágrimas de María las que lo conmovieron, porque vio su corazón. Ella había estado a sus pies y podía adorarlo a pesar de haber perdido a un ser amado.

Cuando les indicó a los hombres que moviesen la piedra, Marta dudó, pero María no dijo ni una palabra. Por haber estado sentada a sus pies, sabía que resucitar de la muerte a Lázaro no sería un milagro demasiado grande para que su Maestro hiciera.

Cuando Jesús volvió a casa de Marta, ella estaba de nuevo en la cocina, cocinando y sirviendo mientras que su hermana le derramaba el costoso perfume en los pies y los secaba con sus cabellos. Eso sucedió poco antes de su crucifixión. El perfume representaba sacrificio; Jesús le dijo que lo estaba ungiendo para su muerte.

El servicio requiere sacrificio. No puedo expresar el dolor que siento cuando dejo a Randi, mi esposo, y a mis hijos para tomar un avión que me lleva a alguna conferencia. Trato de pensar en María y en cómo ella sacrificó lo único que estaba guardando para sí, al derramar el perfume sobre los pies de Jesús. Estoy segura que el aroma del perfume todavía llenaba la casa cuando María y su familia regresaron, después de haber sido testigos de la crucifixión de Jesús. Nuestro deseo debe ser que aun mucho tiempo después de habernos ido, el aroma de su presencia llene la casa de tal manera, que los demás sepan que hemos pasado tiempo a los pies de Jesús.

La Palabra dice que lo que María hizo iba a ser recordado. ¿A ti te recordarán por la buena cena que preparaste o por lo bien que entretuviste a la clase de la escuela dominical? Ambas cosas son buenas.

En cuanto a mí respecta, quiero ser recordada como una vasija llena que derramó el aroma del Espíritu

Santo. Quiero saber que mi vida marcó una diferencia.

Aquella noche entré a la conferencia, donde estaban reunidas más de 2000 mujeres para alabar, escuchar la Palabra y ser ministradas. Yo era una más de las disertantes, por supuesto, no la más destacada. Consideraba un honor el solo hecho de estar allí.

Me ubiqué en la plataforma y miré la fila donde estaban sentadas las demás conferencistas. «Hummm... peinados muy arreglados, inmaculadamente vestidas, zapatos haciendo juego con sus trajes y carteras.» Ninguna tenía una corrida en las medias. Me deprimí instantáneamente. Miré mi ropa: estaba arrugada del viaje. El protector del bebé se había corrido, y este me había vomitado en el hombro. Había tratado de sacar la mancha, pero el vestido aún estaba mojado, y cada vez que daba vuelta la cabeza hacia la izquierda, sentía nauseas por el olor agrio. Mi cabello lacio lucía espléndido unas horas antes, pero tanto fijador combinado con la fina lluvia que soporté desde el automóvil hasta entrar en el hotel me hacían parecer una rata mojada. Me quería ir a casa. ¿Por qué no podía parecerme a Gloria Copeland?

El grupo de alabanza comenzó a cantar «Gloria». A medida que ascendíamos en la adoración, sentí el suave codazo del Espíritu Santo y una pregunta:

—¿La imagen de quién quieres?

—¿Señor? —pregunté.

—¿La imagen de quién quieres? ¿Quieres tu imagen o mi imagen? ¿Quieres que te conozcan como una mujer de Dios, o quieres ser conocida?

En ese momento caí sobre mi rostro, ahí mismo, en la plataforma, delante de las 2000 mujeres. Mi pasión era llorar arrepentida y adorar a mi Maestro. Tenía las manos de Marta para el servicio, pero en ese momento había aprendido lo que era tener el corazón de María.

Jesús estaba complacido.

2

¿Debo confesarlo, exponerlo, comunicarlo o crucificarlo?

Hace algunos años la iglesia pasó por algo llamado «sacudida». Los profetas clamaban que todo lo que pudiera ser sacudido, debía ser sacudido.

Dios comenzó a juzgar, y estoy segura que muchas de ustedes pasaron a través de esa depuración. Con el hacha en la mano, Él comenzó a recortar y moldear. Hasta hace poco, todo lo que podíamos decir era: «No sé qué es lo que Dios está haciendo, pero sé que está haciendo algo conmigo».

Desafortunadamente, en algún punto del proceso, tiramos nuestra fe y esperanzas por la ventana. Empezamos a creer que la fe escritural ya no funcionaba. Daba resultados en los años setenta y ochenta, pero ya no.

Pero eso no es cierto. Las promesas de Dios son tan efectivas hoy en día como lo fueron en 1970 o en el 1500 o en cualquier momento en la corta historia de la tierra. Es hora de desenterrar esas promesas que hemos enterrado, porque Dios las hará realidad.

Tú eres directamente responsable que la Palabra de Dios se haga realidad en tu vida y que Dios no te pase por alto. En Hebreos 10.35 leemos: «No perdáis, pues, vuestra confianza, que tiene grande galardón.»

La voluntad de Dios no se basa en tu situación. Sé agresiva en tu fe para creer en Dios, porque lo que Él te ha dicho, eso hará. Proverbios 13.12 dice: «La esperanza que se demora es tormento del corazón; pero árbol de vida es el deseo cumplido». Cuando se abandona la esperanza, o se la pone distante, ¿qué sucede? Te abates. ¿Es así como te sientes ahora? ¿Abatida?

Durante mucho tiempo mantuviste una promesa que estabas segura era de Dios. Llegaste a un punto de desesperación y dices: «Ya no quiero saber más nada». Tu promesa ha llegado a ser una maldición.

Permíteme enfatizar lo siguiente: Dios está listo para hacer realidad esas promesas. El diablo sabe cuán importante es que te deprimas. Sabe que a eso le sigue el disgusto y el desánimo.

Tu esperanza se desvanece cuando tienes una desilusión tras otra. Le dices al Señor que no crees que sus promesas se hagan realidad en tu vida y comienzas a buscar tu propia solución a tus problemas.

Temes equivocarte. ¿Debo confesar mi problema, exponerlo, hablar del asunto o crucificarlo? La respuesta es que debes hacer todo esto, y luego, afírmate en su Palabra. ¡Confiésalo y toma autoridad sobre el enemigo de duda y descreimiento! Cuando estés en la presencia del Padre, dile que Él es más importante que la promesa.

Primera de Corintios 13.13 nos dice: «Y ahora permanecen la fe, la esperanza y el amor, estos tres; pero el mayor de ellos es el amor». Tú sabes todo con respecto a la fe y el amor. Lo has oído predicar cientos de veces. Pero yo quiero darte esperanza. He descubierto que no puedes tener fe si no tienes esperanza.

Demorar no es negar

Durante una reunión el Señor me dio a conocer que había allí una mujer con protuberancias en los senos. El Señor me dijo:

—Dile que pase al frente. Por su sacrificio, la voy a sanar y liberar esta noche.

Cuando ella se acercó, las palabras del Espíritu Santo para ella fueron: «A causa de tu sacrificio, voy a revelarme a ti y te sanaré.»

A la noche siguiente vino corriendo, deseosa de testificar acerca de la bondad de Dios.

—No iba a venir anoche porque se me había descompuesto el automóvil, pero recordé que una vez tú habías dicho que si no hacíamos todos los esfuerzos necesarios para ir a la iglesia, podríamos perder nuestro milagro —comenzó diciendo.

»Esta mañana tenía turno para cirugía. Como quería estar consciente de lo que pasaba, había pedido anestesia local. El cirujano dijo que necesitaba sacar otra placa de rayos X para estar seguro dónde estaban los tumores. Al rato lo llamaron y salió de la sala.

»Entró de pronto, se sacó la máscara y me dijo que podía irme a casa. No había encontrado en mí ningún tumor; ¡para nada!»

Las promesas de Dios son ciertas. A veces se cumplen inmediatamente, como ocurrió con esta mujer. Pero tú no puedes dejar que muera tu esperanza si no sucede inmediatamente. ¡Recuerda que la demora no es negación!

En otra reunión, el Espíritu del Señor me dijo que le dijera a una mujer llamada Kay que no tuviera miedo por que el Señor la había sanado totalmente. Viviría y no moriría.

25

Ahora bien, cuando le dices algo así a alguien, es mejor que estés segura que has oído bien y que has oído a Dios.

Cuando la llamé por su nombre vi que era una débil y frágil mujercita, le transmití la palabra de Dios. La congregación gritó y aplaudió cuando cayó bajo el poder del Espíritu Santo.

La semana anterior le habían diagnosticado cáncer. Los médicos habían dicho que no tenía esperanza. ¿Qué crees que el Espíritu Santo puso en el corazón de Kay aquella noche? ¡Esperanza! Antes de recibir la palabra ella no podía tener fe porque no tenía esperanza. La palabra «cáncer» la asustaba tanto que estaba deprimida y desalentada.

Eso fue hace seis años. Hace poco vi a Kay en una de las reuniones y todavía se goza en su sanidad.

Muchas personas me preguntan acerca del propósito de la palabra profética. Tal como se evidenció en la situación de Kay, creo que uno de los propósitos es dar esperanza al corazón.

Probablemente sabes cuán difícil es batallar con la fe cuando has perdido la esperanza. Comienzan a gobernarte las emociones. Recibes una noticia que te hace llorar y gritar durante días. Una semana después, necesitas otra palabra para poder seguir adelante.

Dios se está preparando para traerte a la realidad. Hebreos 11.1 dice: «Es, pues, la fe la certeza de lo que se espera, la convicción de lo que no se ve». ¿Cuántas veces hemos oído mensajes basados en este pasaje y hemos tratado con toda nuestras fuerzas de levantar nuestra fe una vez más? Tus amigas te dicen que tengas fe cuando estás pasando un momento difícil. Te dicen que dejes de hablar de tu problema. Tienes ganas de pegarles con la Biblia (por supuesto que no lo haces, porque no es «escritural»).

Algunos cristianos bien intencionados destruyen a otros santos con un mal uso de la Palabra de Dios, cuando lo que necesitan es un par de brazos amantes y un corazón comprensivo. Necesitamos escuchar que alguien nos ama lo suficiente como para ayudarnos a pasar el conflicto.

Leímos que «la fe es la certeza». ¿Qué quiere decir eso? Es algo sobre lo que puedes colocar tus manos, algo que puedes sentir. Algunas de ustedes perdieron la fe porque no la pueden hacer real.

Romanos 4.17 dice: «...y llama las cosas que no son, como si fuesen». No puedes reclamar algo que Jesús no prometió, pero sí puedes reclamar y pedir aquellas cosas que el Espíritu Santo te dice en tu corazón. El apóstol Pablo les dice a los efesios que está orando por ellos para que Dios les de «espíritu de sabiduría y revelación alumbrando los ojos de nuestro entendimiento» (Efesios 1.17-18). Pablo oró para que tuviéramos el espíritu de revelación, que es el espíritu de profecía.

Mantén la promesa delante tuyo

Tengo muchas cintas grabadas con profecías personales que me fueron dichas por verdaderos profetas. Escucho esas grabaciones hasta poder citar de memoria lo que Dios dijo que iba a hacer por mí.

Dios puede haberte dado promesas que has puesto en el estante. Tal vez has recibido una palabra profética de algún profeta, o puede que la hayas escuchado de Dios directamente a tu espíritu. Tienes que restaurar esa esperanza. Tienes que ponerla delante de ti. Escúchala, comienza a declararla y observa cómo se concreta. El Espíritu Santo te da esperanza para que puedas tener fe.

Pablo iba encadenado a Roma cuando Dios le dijo que el barco iba a naufragar. Pero nadie hizo caso a las advertencias de Pablo. No había pasado mucho tiempo cuando se desató una fuerte tormenta. Lucharon durante tres días hasta que finalmente tuvieron que arrojar al mar los aparejos con sus propias manos (ver Hechos 27.19).

Este es un excelente ejemplo de lo que pasa cuando el enemigo se acerca. Estamos en medio de la tormenta y tomamos todas nuestras promesas y nos deshacemos de ellas porque no se parecen a las circunstancias. Nos preguntamos si escuchamos a Dios correctamente.

Uno de los recursos de un barco es la brújula. La tripulación de aquel barco arrojó por la borda la única cosa que necesitaban para que los dirigiera.

Tus promesas te darán dirección. En medio de la tormenta, necesitas esas promesas. El enemigo vendrá y plantará dudas y descreimiento. Vendrá con mentiras para que tires las promesas, lo único que necesitas para atravesar la tormenta.

Satanás te atacará por medio de tus sentimientos, lastimándote; él usará todas las armas que tenga en su arsenal para que te deshagas de las promesas de Dios. Lo que el Espíritu divino quiere que hagas es que te sostengas de esas promesas.

¿Sabes cómo se abandona la esperanza? Gradualmente. El diablo sabe que no puede arrebatarte las promesas todas juntas. Espera hasta que Dios te da una gran palabra y comienza a socavarla hasta que tú gradualmente abandonas la esperanza.

Satanás magnifica las cosas negativas de la situación. La tripulación había decidido que moriría en esa tormenta. Pablo les dijo: «Habría sido por cierto conveniente, oh varones, haberme oído, y no zarpar de Creta tan sólo para recibir este perjuicio y pérdida. Pero ahora os exhorto a tener buen ánimo...».

¿Qué palabra puedes usar en lugar de ánimo? ¡Esperanza!

¿Cómo sabía Pablo que no moriría? Tenía esperanza. El ángel del Señor le había dicho que no iba a sufrir ningún daño, porque tenía que comparecer ante el Cesar. Eso era parte del plan. Si Dios ha puesto una promesa en tu corazón, nada te pasará hasta que esa promesa se cumpla en tu vida.

Nada se interpuso en la vida de Pablo hasta que se cumplió la promesa. El barco quedó destruido, pero las vidas de todos se salvaron. A Pablo lo mordió una serpiente venenosa, pero no le hizo nada. Es más, cuando los nativos vieron el milagro, comenzó un avivamiento y aceptaron la verdad de Jesucristo.

Para muchas de nosotras, el problema es que todo lo que sabemos es lo que podemos ver o comprender. Tenemos una visión limitada. Solo vemos lo que tenemos delante. Muchas veces Dios muestra su gloria cuando estamos tambaleándonos en medio de la tormenta.

No maldigas el poste de teléfono

Hace unos cuantos años estaba manejando lo que iba a ser mi ex Toyota. De repente, al girar en una curva, apareció un hombre, salido de la nada y caminando en mi camino. Al intentar esquivarlo, el auto patinó de costado, yendo hacia un canal que corría paralelo a la calle, «envolviendo» un poste de teléfono.

Salí volando de mi asiento al asiento de al lado y volví nuevamente a mi lugar. Tenía el brazo tan cortado por los vidrios que me tuvieron que dar sesenta y cuatro puntos de sutura. Mientras iba perdiendo la consciencia, comencé a orar en el Espíritu. Un paramédico pensó que estaba delirando y que hablaba en un idioma extranjero.

—En inglés, señora. ¡En inglés! —me gritó.

En el hospital se dieron cuenta de que me había roto el brazo, la pierna, la clavícula y las costillas. Tenía daños internos y contusiones severas. Físicamente, estaba a la miseria.

Mi marido llegó cuando me estaban preparando para llevarme a sacar rayos X.

—¡Un momento! Vamos a orar primero —les indicó.

Cuando mi marido dice «vamos a orar», todos oran; les guste o no. Ató el espíritu de muerte y destrucción y liberó sobre mí el poder obrador de milagros. Después de tres placas, el radiólogo nos dijo que no había ningún hueso roto.

Dios hizo un milagro y salí muy pronto del hospital. El primer policía que había llegado al lugar de los hechos vino a hablar conmigo acerca del accidente. Le dije que de no haber sido por ese tonto poste de teléfono, hubiese golpeado contra el borde del canal y no hubiese pasado nada.

—No crea —me dijo—; su auto se hubiese deslizado hacia el canal, cayendo boca abajo. Es poste de teléfono le salvó la vida.

Algunas estamos maldiciendo los postes de teléfono en nuestras vidas, sin darnos cuenta de que han sido colocados allí por Dios para revelarnos su gloria, y guardarnos del verdadero propósito del enemigo.

En aquel barco, Pablo declaró lo que había escuchado antes de que hubiese alguna evidencia. Y obtuvo lo que declaró, porque el poder de la vida y la muerte está en la lengua. Si decimos palabras de derrota en vez de «Dios puede» y «Dios quiere», no veremos realizarse la promesa de Dios.

Satanás te engañará si puede hacer que visualices derrota y temor. Recuerda que la esperanza es tu fuente de fe. Mucha gente te dice que tengas fe, pero muchos de ellos no tiene esperanza.

Después del nacimiento de nuestra primer hija, mi marido y yo deseábamos de todo corazón tener más hijos. Cuando tenía siete meses comenzamos a tratar de tener otro hijo. Pasaron varios años en que yo no quedaba embarazada.

Cuando mi hija cumplió cuatro años, le pedimos a un profeta que orase por ella. Él dijo lo siguiente:

—Jerusha, como Miriam, cuidarás para tu madre y con ella de cada niño nuevo que llegue al hogar.

Luego la bendijo.

En ese momento, aquellas palabras no eran más que una linda y simple oración. Pero cuando los años pasaban y yo no quedaba embarazada, esas palabras me dieron esperanza.

Fui a un médico de fertilidad. Tomé medicinas suficientes como para tener una camada entera, pero aun así no quedé embarazada. Todas las mujeres que oraban por mí quedaban embarazadas; pronto, nadie oraba más por mí.

Alguien me dijo que si mi marido usaba calzoncillos tipo pantaloncitos, sería posible que yo concibiera. Le hice poner los calzoncillos, pero aún así, no tuvimos hijos. Los años iban pasando y, al pasar por la mueblería infantil, le decía a mis amigas:

—Un día voy a entrar y voy a comprar una cuna para mi bebé.

Al principio, ellas se emocionaban conmigo, pero a medida que pasaban los años perdían las esperanzas. Comenzaron a consolarme con palabras como: «Cathy, ponte contenta de tener una hija», o «Cathy, después de todo, Dios te ha dado un magnífico ministerio.

¿Cómo podrías tener este ministerio con otro hijo?»

Cuando mi hija se acercaba a los dieciséis años y yo seguía declarando mi esperanza, creyendo que se haría cierta, mis amigas creían que me había vuelto loca.

Un día estaba mirando a un ministro por televisión. Dijo que si yo le mandaba una promesa solemne, él me enviaría una trozo de tela y Dios haría el milagro por mí. Mandé mi promesa y él me mandó la tela ungida para adherir a la cabecera de la cama.

Mi marido estaba en Rusia en ese momento y no sabía nada de lo que yo había hecho. Cuando regresó y entró al cuarto, miró la tela en la cabecera de la cama y exclamó:

—¡¿Qué es eso?!

—No importa, querido. Sólo métete en la cama y cree.

Pero aun así tampoco hubo embarazo, aunque Dios bendijo mi promesa. La esperanza, junto a la palabra que Dios ha hablado a tu corazón, dan como resultado la fe; y la fe llegará a ser tan fuerte que podrás oler al recién nacido en tus brazos aun antes de tenerlo.

Algunas han recibido la promesa de un compañero, un hombre de Dios. Tu esperanza puede ser tan fuerte que al cerrar los ojos puedes sentir el olor de la loción después de afeitarse. Lo mismo sucede con los hombres a quienes Dios les prometió una compañera. Al cerrar los ojos sienten su perfume. Otras personas pueden verse sentadas detrás del escritorio que Dios les prometió sería suyo al ser promovidas en su trabajo.

Entra al campo de la esperanza

Rut fue una mujer que tenía motivos para perder las esperanzas. Su marido había muerto, había hambre en la tierra, y todo lo que le quedaba era su suegra Noemí.

«Y Noemí respondió: Volveos, hijas mías; ¿para qué habéis de ir conmigo? ¿Tengo yo más hijos en el vientre, que puedan ser vuestros maridos?»

—RUT 1.11

Pero la esperanza de Rut era fuerte, a pesar de haber perdido todo. Había perdido su marido. No tenía hijos. Pero, aun así, ella vio algo en Noemí que la animó a seguirla y ser parte de su vida. Declaró al Dios de Noemí como su Dios. Pero Noemí afirmó que no tenía esperanza. «La mano de Jehová ha salido contra mí» (v.12,13).

Muchas veces, mientras estamos esperando que se cumpla la promesa, daría la impresión que Dios, verdaderamente, nos ha vuelto la espalda. Puedo imaginarme a Rut y Noemí caminando juntas de regreso a su tierra, dejando Moab. Rut le preguntó emocionada a su suegra: «Noemí, dime qué piensas. ¿Qué podemos esperar? Sé que Dios, tu Dios, va a hacer algo por nosotras.»

La esperanza es contagiosa. Estar al lado de gente con esperanza es emocionante. La esperanza es el ámbito que vence al campo natural. Por eso es que puedes ser sanada. Este es el campo del cual provienen los milagros.

Noemí se dio cuenta que estaba frente a una mujer con determinación, y repentinamente su esperanza se activó.

—Rut, ¿sabes que tengo un pariente llamado Booz?

Rut, tenía esperanza. Salió de la casa, consiguió trabajo, se hizo conocida y fue bendecida.

«Y he aquí que Booz vino de Belén, y dijo a los segadores: Jehová sea con vosotros. Y ellos

33

respondieron: Jehová te bendiga. Y Booz dijo a
su criado el mayordomo de los segadores: ¿De
quién es esta joven?»

—Rut 2.4-5

Booz ni siquiera pudo responder apropiadamente a su
saludo. Sus siervos le dijeron: «¿Cómo está?» Y él contestó: «Sí, ¿cómo están? ¿De quién es la muchacha que
está en el campo?» Rut no se quedó sentada haciendo
girar los pulgares. Tenía una esperanza que la llevaba a
actuar. Finalmente, en Rut 2.8 su esperanza se hace
cierta ... en la forma de Booz.

La esperanza no es ociosa. La esperanza te hace actuar. Si vas a recibir algo de Dios, tienes que tener una
esperanza tan real que puedas oler la victoria. Sabes
que el trabajo va a venir. La respuesta se va a dar. La
sanidad se va a producir, porque ya estás en el campo.

¿Cuánto tiempo lleva? ¿Qué importancia tiene
cuánto tarda? Si te metes en el campo, Dios te dará la
respuesta. Si Satanás puede quitarte la esperanza y te
saca del campo, no tendrás nada.

Necesitas agitar tu campo de esperanza. Aun existe
una palabra para el sitio en el cual las jóvenes guarda-
rán los platos de melamina, los mismos que usarán para servir en ellos una salchicha quemada y unos fideos
con queso algún día a sus recientes maridos. Se deno-
mina «arcón de la esperanza». Si alguna vez vas a obte-
ner lo que deseas, deja de hablar negativamente y entra
en el campo de la esperanza.

La esperanza es tu trampolín a la fe. La fe traerá
sustancia y evidencia. Ese será tu milagro.

Me negué a darme por vencida a la esperanza de tener otro hijo. En los últimos dos años, Dios me puso
cuatro bebés en los brazos. El cambiar mi esperanza en
fe y certeza me dio más de lo que podía sobrellevar.

Estaba emocionadísima al extremo cuando supe

que la agencia de adopción tenía un bebé para nosotros. Se arreglaron todos los detalles y en seis meses volveríamos a ser padres nuevamente. Finalmente, la promesa se hacía realidad.

Nos llamaron a casa el día que el bebé (Gabriel Leví) nació:

—Cathy, lo siento. La mamá cambió de idea y se va a quedar con el niño.

Lloramos. Me enojé.

—Dios, ¿cómo puedes permitir esto? ¡No es justo! ¡Es cruel haberme hecho ilusionar para esto!

Nuestra congregación nos acompañó en este valle mientras reclamábamos a nuestro hijo. Juntos, mi marido y yo, nos tomamos de las manos declarando: «Dios, tú no eres cruel. No eres mentiroso. Tú eres un Dios fiel en quien se puede confiar. Tú nos amas, amas a Gabriel y amas a su mamá. Rendimos nuestro hijo a tu perfecta voluntad, pero jamás rendiremos la esperanza o la promesa al enemigo.»

Casi dos años después, estaba sentada en mi cuarto, leyendo, cuando mi hija apareció por la puerta. La agencia de adopción llamaba para decirme que la mamá de Gabriel iba a firmar los papeles. Ya no podía seguir adelante. Estallando en lágrimas, pude escuchar al Señor diciendo:

—El hijo que el enemigo te robó, te lo devuelvo en tus brazos.

Llamé a mi marido que estaba ministrando en Corea y le conté lo que pasaba. Le pregunté qué sentía que estaba diciendo el Señor, y me confirmó lo mismo que me había dicho a mí.

—Querida, el Señor me dice que el hijo que el enemigo nos robó está siendo restaurado.

Aquella noche fui a buscar a mi hijo. Al agacharme para tomar al niño dormido del asiento, comencé a bendecir al Señor. Gabriel se despertó, me miró y dijo:

—Mamá, Mamá —poniéndome los bracitos alrededor del cuello y volvió a dormirse.

Fueron dos años, pero Dios nos devolvió a nuestro hijo.

¡No rindas tu esperanza! Tu promesa está a la vuelta de la esquina. Recuerda: la cosecha está un paso más allá del desmayo.

3

Más abono, por favor

Fue una difícil época navideña para nosotros. Nuestra hija adoptiva de veinte meses, Hannah, padecía de un extraño desorden sanguíneo que casi siempre es fatal. Los médicos en un principio pensaron que tenía escarlatina. No obstante, los síntomas empeoraban y dejó de comer y beber. A las pocas semanas tenía las articulaciones terriblemente hinchadas y ya no podía caminar. Un especialista finalmente le diagnosticó una enfermedad llamada kawasaki, muy común en los niños japoneses.

Las dos semanas previas a Navidad nos turnábamos para masajearle suavemente las articulaciones. Nuestros compañeros de oración intercesora estuvieron a nuestro lado, creyendo que Dios haría un milagro.

Sentados alrededor de la mesa, tratamos de disfrutar la cena navideña. Después de bendecir la comida, Hannah hizo un círculo con sus brazos y dijo:

—¡Dios ama al mundo entero!

Todos lagrimeamos al tiempo que ella lo repetía.

Dios la usó para que testificara de su amor en el cumpleaños de su Hijo. Desde ese momento comenzó lentamente a sanar.

¿Es posible tener paz a pesar de las presiones de la vida —las sanidades, los ascensos en el trabajo, esos deseos profundos que no se cumplen cuando nosotros esperamos? Comenzamos un nuevo año creyendo que íbamos a ver cumplidas las promesas de Dios en el transcurso del mismo. Luego pensamos: «Lo mismo pensé el año pasado». Pero, la Palabra de Dios nos dice que tengamos esperanza hasta el fin, a pesar de lo que veamos —o no veamos— alrededor.

Pablo dice: «Digo, pues: Andad en el Espíritu, y no satisfagáis los deseos de la carne» (Gálatas 5.16). Más adelante nos dice que esos deseos carnales incluyen inmoralidad sexual, impureza, sensualidad, idolatría, hechicería, enemistades, pleitos, celos, enojos, rivalidades, disensiones, sectarismo, envidias, borracheras, orgías y cosas semejantes.

Luego leemos que el fruto del Espíritu tiene las siguientes características: amor, gozo, paz, paciencia, benignidad, bondad, fe, mansedumbre, templanza.

Puede que pienses: «Bueno, sin embargo ni la inmoralidad sexual, ni la borrachera, ni los celos son mis problemas». Los problemas que tienes son aquellos que todavía te separan de heredar las promesas de Dios. Tal vez jamás hayas tenido una cita ilícita en un motel, pero luchas con la depresión y el desánimo. Posiblemente, como yo, luchas con la paciencia. No importa, todos ellos son enemigos de la paz.

Muchos cristianos tienen dones muy desarrollados pero no tienen desarrollado el carácter. Hasta los creyentes bebés son capaces de profetizar acertadamente aun cuando su carácter no esté desarrollado. Pero el apóstol Pablo dice: «no me interesa si le puedes profetizar y develar misterios a los hombres y a los presidentes; si no tienes amor, no tienes carácter para continuar con ese don. Eres como "metal que resuena o címbalo que retiñe"» (ver 1 Corintios 13.1).

El hecho que una persona esté en un ministerio no significa que haya desarrollado los frutos del Espíritu. Conozco personas que han estado años en el ministerio pero aun así no tienen amor, gozo, paz, paciencia, bondad, benignidad, fe, mansedumbre ni templanza. Siempre están frustrados, atemorizados, preocupados y ansiosos. Pueden contarte los grandes milagros que Dios ha hecho por medio de ellos, pero su carácter es horrible.

En una ocasión una señora oró por mí de esta manera: «Señor, te agradezco porque ella va a tener una palabra más adecuada. Tú la vas a tomar más intensamente». Pensé para mí misma: «Yo ato eso; no lo quiero. Acabo de llegar adonde estoy y me quiero quedar acá por un tiempo, saboreando el fruto, antes de avanzar a otro nivel. Sé que otros niveles traen nuevos demonios y me quiero quedar cómodamente donde estoy ahora».

Todos luchamos con el diablo. Cuanto más comprometida estés con el ministerio, más grande será la batalla. Tu carácter determinará cómo manejarás esas batallas. Existe sólo una manera en que puedes medirte en el fruto de tu carácter y eso es por tus reacciones. ¿Cómo te comportas en casa? ¿Cómo actúas en situaciones tensas?

En nuestro dormitorio tenemos una hermosa chimenea de gas a la que admiramos con frecuencia y limpiamos de vez en cuando. Una fría noche, cuando ya nos habíamos acostado, pensamos que sería lindo encender el fuego. No teníamos idea de cómo prenderla. Finalmente lo logramos, pero desconocíamos si había que dejar las puertas abiertas o cerradas.

Tú has escuchado decir que cuando absolutamente todo falla, lee las instrucciones. Al hacerlo, dos horas después, descubrimos que el manual advertía que había que tener ventilación en el cuarto o podrías no volver a despertarte. Saltamos de la cama para abrir la puerta. Entonces nos congelamos. Se me ocurrió pensar que, o me iba a pescar una neumonía o no me iba a volver a levantar. Alegremente le dije a mi marido: «Justo cuando estábamos saliendo del valle, cuando habíamos resistido la presión que el diablo había puesto sobre nosotros, me vas a matar».

¿Cómo reaccionas en situaciones tensas? Dices: «No sé lo que me pasa. Perdí. Esta no soy yo.» Oh, sí; ¡claro que lo eres! Cuando agitas una botella cerrada de agua gasificada, ¿qué va a salir cuando saques el dedo? Agua, por supuesto. Recuerda que lo que haya dentro de ti es lo que saldrá.

¿A quién estás tratando de impresionar?

La esposa de mi pastor me dijo que estaba adorando al Señor una mañana, llorando en su presencia, cuando el Señor le dijo:

—Tu ministerio no me impresiona. Tu enseñanza no me impresiona.

Ella pensó: «¡Justo cuando tú y yo estábamos teniendo un tiempo maravilloso...!»

Él siguió diciéndole:

—Tu ministerio y enseñanza no me impresionan porque todo viene de mí. ¿Sabes lo que me impresiona? Tu dedicación personal.

Lo que a Dios le impresiona es nuestra dedicación personal a Él. Es la manera en que respondemos en medio de situaciones difíciles. ¿Respondemos con temor o con fe?

Una señora se había tomado la costumbre de acercarse a mí antes de las reuniones, en el preciso momento de entrar al salón. Se las arreglaba para asaltarme justo en el momento en que iba a ministrar. Decía querer una palabra del Señor —otra más. Lo que realmente quería era que yo le dijera que todo iba a salir bien y que nunca iba a tener más problemas.

Finalmente, después de semanas de hacer esto, la tomé por los hombros y le pedí que no me llenase la mente con basura cuando estaba a punto de ministrar. Le dije que sufría por ella, la amaba y deseaba poder quitarle su sufrimiento.

No minimizaba su problema, pero esta no es la forma de buscar una palabra de parte del Señor. Hay algunas cosas que, simplemente, deben ocurrir contigo. La hermosa verdad es que Dios estará a tu lado.

¡Aguanta ahí!

El sufrimiento es, sencillamente, aguantar ahí todo el tiempo que sea necesario. No naciste con esa cualidad; debe ser desarrollada. ¿Cómo la desarrollamos? ¡Bajo presión!

Recientemente mi esposo y yo pasamos por una crisis financiera. En el pasado, en situaciones semejantes, habíamos descubierto que Dios estaba usando esas crisis para acercarnos a Él. Usaba la presión para que nosotros creciéramos en la fe y dependiéramos más de Él.

La presión es un tema que frecuentemente se repite en la Biblia. Miremos a los tres hebreos que fueron arrojados al horno; ¡eso es presión! Nuestra primera reacción es, sin duda, buscar la manera de salir; como consecuencia, no crecemos en la fe. Cuando el rey miró dentro del horno, no vio tres sino cuatro hombres dentro, ¡y ninguno de ellos se quemaba con las llamas! (ver Daniel 3). Eso es crecimiento bajo presión. Eso es lo que Dios quiere.

Un buen maestro siempre te dará una salida. Mi hija cursa la escuela en casa, y yo la dirijo. Cuando estoy por tomarle un examen, le hago repasar varias veces el material. Si veo que no está lista para aprobarlo, le doy unos pocos días más para que lo repase.

Dios es el Gran Maestro. Él nos ama tanto que nos da una oportunidad tras otra para cambiar las condiciones en las que nos encontramos. Es como un buen maestro que dice: «Vamos a dar otra vuelta a la montaña hasta que puedas pasar el examen».

Un día me estaba quejando con mi pastor:

—Amo a mis hijos. Jamás permitiría que les pasara algo malo. ¿Por qué Dios permite que a mí me pase todo esto? Yo soy dadivosa, doy más que mis diezmos.

Él me miró:

—Y por eso acusamos al Dios Altísimo —me dijo.

¡Ayyy! Me habían aplastado, y no me gustaba lo que salía para afuera. Nunca pensé que eso tan feo estuviera adentro.

No busques la forma de escapar. Quédate en medio de la situación que te oprime. La presión es lo que hace que el carbón se convierta en diamante. La vida es una prueba y la manera en que sobrepasas los obstáculos determina tu posición.

¿Matrimonio, divorcio o asesinato?

Mi esposo y yo hemos pasado momentos muy difíciles en nuestro matrimonio. Hubo momentos en que deseé que Dios se lo llevara porque me quería divorciar, si Dios no lo mataba primero. Sé que Randi a veces sintió lo mismo.

¿Eso te asombra? Hubo momentos en que me quise ir, en que me pude haber ido. Hubo tiempos en que oré para que mi automóvil se estrellara contra un poste de teléfono y me muriera, ya que creía que la muerte sería el fin de mi sufrimiento. En los momentos en que Randi me hirió más profundamente, le pedí a Dios permiso para divorciarme de él. Y hubo momentos en que lo lastimé tanto que él ya no quería seguir casado conmigo.

En aquellas tensas situaciones aprendimos una valiosa lección: sería mejor que lo resolviésemos juntos, debido a que mucha gente tenía sus ojos puestos en nosotros para ver cómo manejábamos la presión. Muchos laicos tienen el privilegio de vivir en casas de ladrillos, pero quienes tenemos un ministerio, vivimos en casas de vidrio; siempre estamos bajo observación.

El Señor me dijo:

—Si quieres irte, hazlo. Te seguiré bendiciendo. Pero si te quedas, te ungiré y aumentaré y derramaré mi gracia sobre tu vida. Te daré un corazón nuevo. Renovaré el amor que tienes por tu marido y el amor que él tiene por ti si permaneces en esta situación.

Era una situación muy incómoda, y yo no me quería quedar. Pero decidimos que teníamos que apoyarnos uno en el otro y decir: «Bendito sea Dios, vamos a pasar juntos por esto. Si no lo hacemos nosotros, ¿cómo podrán sobrellevarlo las parejas débiles? No les podemos decir a otros cómo resolverlo si nosotros mismos no lo podemos hacer.»

La paciencia va a través de la aflicción, el dolor, la tribulación, la calamidad, la provocación y cualquier otro mal, pero con calma, con un temperamento inmutable.

Cuando necesitas desesperadamente una palabra de Dios, no es por falta de fe sino de paciencia.

Nadie puede llevarte al lugar donde se adquiere la paciencia; tienes que ir por ti misma. Y llegas allí, atravesando la situación sin murmuraciones ni quejas. La resistencia es el acto de esperar largamente que se haga justicia.

¿Cómo desarrollas este fruto? Jamás lo ejercitarás en un ambiente calmado. Lo tendrás que desarrollar en una situación que te demande la reacción opuesta. Tu carne se aterroriza, pero si te mantienes bajo la presión, desarrollarás la paciencia.

El secreto es el abono

No soy muy buena con las plantas. Una vez me dieron una hiedra; todavía vive aunque no sé cómo. Me olvido de ponerle agua y luego, para compensar, la riego abundantemente. Estoy segura que es una variedad difícil de matar. Prefiero los arreglos de seda. Todo lo que tienes que hacer es sacarles el polvo.

¿Qué es lo que hace a los árboles más hermosos, con los frutos más dulces? ¿Cuál es uno de los mayores factores que hacen prosperar una planta? ¡El abono! Tú sabes cuál es el abono de la vida: cuando te vas a la cama y todo está excelente, y a la mañana siguiente te encuentras con que alguien ensució todo el frente de tu casa. Después recibes una mala noticia por correo y todo va de mal en peor.

El amor verdadero puede aumentar —y hasta florecer— cuando estás bajo presión. Puede que te sientas deprimida, preocupada, temerosa y que necesites culpar a alguien. Es en ese ambiente donde puede crecer el verdadero amor. Recién entonces, cuando hay presión, el fruto del Espíritu puede prosperar en tu vida.

El mundo se pierde buscando la paz en las drogas, el alcohol o en numerosas horas de «entretenimiento» abrumador por televisión. Pero, no importa en qué tipo de situación te encuentres, tú puedes encontrar paz. Jesús dijo: «La paz os dejo, mi paz os doy; yo no os la doy como el mundo la da» (Juan 14.27).

Puedes caminar en paz en medio de cualquier situación tensa. Puedes tenerla sin que yo te de una palabra profética. Puedes tener paz perfecta tomando una decisión y diciendo: «Seré una vasija de honor en medio de esta presión, porque decido serlo».

Una amiga me regaló dos hermosos rosales. En primavera los regué y les saqué las malezas, por lo que crecieron muchísimo.

Un día me vino a visitar mi abuela (a quien cariñosamente le decimos Gammy) y la llevé de la mano para mostrarle con orgullo mis rosales.

—Mira qué verdes y grandes están —hice alarde—. ¿Puedes creerlo, Gammy? Nunca me había crecido nada, ¡y mira!

—No tienen rosas —declaró en forma pragmática.

—Sí, pero mira cuán grandes y vivos están —agregué, ligeramente irritada.

—Pero no hay rosas en ellos —repitió.

Ya para entonces, yo estaba empezando a pensar: *«Señor, mi abuelita ya tiene ochenta y ocho años... llévatela a casa.»* Ella no apreciaba mi don para la floricultura. Mi querida y preciosa abuelita se metió en el garaje y salió al rato trayendo un par de enormes tijeras de podar. Ante mi total asombro, le podó tres cuartos a mis hermosos rosales.

—Ahora sí —exclamó triunfante, dándome el aparato de muerte—. Dales agua y fertilizante.

Dos semanas después, y para mi asombro, los rosales estaban cubiertos de preciosos pimpollos. Con cada poda del jardinero, puedo sentir la mano del cultivador en mí.

Sé que muchas veces, hacer la voluntad de Dios parece intolerable. Algunos problemas parecen no tener solución. Nuestro Señor desea no sólo el fruto, sino más fruto. Podemos ser altos, esbeltos y tener espinas, pero el Señor nos dice: «No hay fruto». En su amor por nosotros, Él nos poda, fertiliza y riega nuestras vidas. No te resistas a la poda del Señor; eso es lo único que producirá fruto abundante.

4

En ocasiones, ¡...así es la vida!

uando estaba creciendo, todo el tema de la salvación tenía que ver con el Cielo, una vez muerta. Había que aferrarse a eso hasta que te llegara el momento de partir. Ese era el mensaje del día.

Luego me casé con Randi, un loco judío sin trasfondo religioso ni entrenamiento, quien me dijo: «Ahora podemos divertirnos. Podemos servir a Dios y seguir disfrutando sus bendiciones.»

La Palabra dice que el reino de Dios es justicia, paz y gozo en el Espíritu Santo. Pero, ¿cómo puedes lograr estas cosas? Tienes que pasar varias odiseas hasta llegar a ese lugar.

Hay muchos cristianos que no quieren pagar ese precio; no desean pasar por tribulaciones. Me incluyo en esta categoría. Prefiero irme de vacaciones; no obstante, todos tenemos tribulaciones. Vivimos en una época en la que parece que el diablo está enviando grandes fuerzas destructivas contra los cristianos. Está ampliando sus esfuerzos en nuestra contra, en contra de nuestros hijos y de nuestros ministerios.

A causa de ello, nos necesitamos los unos a los otros. Aquel que tú menosprecias puede ser a quien Dios haya elegido para que te anime. Los cristianos que están débiles caen presas en la tribulación. Se rinden a sus emociones, lo que da como resultado una vida sin victoria. Necesitas decir: «con la ayuda de Dios, jamás me rendiré.»

Mira lo que Dios ha provisto para la cena

Seguramente has visto la película *Jurassic Park* (Parque jurásico), donde un gran experimento con dinosaurios termina distorsionado. Estos grandes animales habían sido creados para el placer, pero empiezan a perseguir a la gente y se la comen. La gente se aterroriza.

Esa es la forma en que algunos cristianos reaccionan cuando aparecen los problemas en sus vidas. Bajan los brazos y dicen: «Querido Dios, ¿qué vamos a hacer? Es una prueba.» Pero el hijo de Dios, que comprende esta verdad, no mira el tamaño del dinosaurio sino que dice: «¡Mira lo que Dios nos ha dado para comer!»

Algunas de ustedes están escapando de sus dinosaurios en vez de decir: «Mira lo que Dios me ha confiado».

Me encantaría creer que es la perfecta voluntad de Dios sacarnos de las situaciones difíciles y colocarnos junto a aguas tranquilas, pero sé que no funciona así. Tenemos que pasar por dificultades y debemos vencer las presiones, tanto en la mente como en el cuerpo.

Nuestra Abagael es sólo una bebé. Su cuna está al lado de mi cama; cuando llora de noche, me levanto, le cambio los pañales y le doy de comer. La tengo en brazos hasta que se le pasa la crisis. Descubro cuál es la causa de su incomodidad, la solución y la acuno en mis brazos hasta que se queda dormida.

Hannah, que tiene dos años, puede salir de la cuna. Después de acostarla, invariablemente sale del cuarto y nos dice que no quiere irse a la cama. La llevamos de vuelta a su cuarto y la acostamos con firmeza; ella sabe que es mejor no volver a levantarse.

Samuel y Gabriel están en el período de sus vidas en que se entretienen sentándose en sus sillas altas con una bandeja de trocitos de pollo delante, para comerlos mientras los aplastan y desparraman por el pelo.

Cuando mi hija Jerusha, de dieciocho años, me dice:

—¡Tengo hambre...!

Le contesto que ella sabe donde está la refrigeradora. Bien se puede preparar algo para comer.

Lo mismo sucede en el reino de Dios al madurar en el Señor. Queremos que Él lo prepare, pero nos dice: «Sabes donde está la refrigeradora, donde está el almacén de promesas y bendiciones. Sé que se acerca un dinosaurio, pero es tu cena. ¡Tómalo!»

Si aplicas estos principios en tu vida, andarás con estabilidad y en victoria. Eso no significa que no habrá más pruebas, ni que evitarás o escaparás de los problemas. Significa que cuando se presenten, no te tirarán al suelo ni harán que llames a miles de intercesores para que oren por ti.

Como cristiana que atraviesa esos lugares difíciles, puedes sobreponerte a ellos y decir: «Dios, te agradezco por la oportunidad que me has dado». Tú no puedes hacerlo sola; Él ha prometido no abandonarnos ni desampararnos nunca. Como bebés cristianas, necesitamos que nos acunen, nos tengan en brazos y nos den seguridad. Seguiremos necesitando algo de eso, pero al madurar, Él nos enseña a soportar cuando las cosas se ponen difíciles.

Hay personas que tratan de evitar los problemas, diciendo: «Sólo confiaré en Dios.» No puedes evitarlo.

Lo que sí puedes es tener una fe activa. Los hijos de Israel dijeron: «Nos queremos ir. No queremos enfrentar los gigantes de este desierto. No queremos tribulaciones; solamente queremos maná.» Tuvieron que vagar cuarenta años en el desierto antes de entrar a la tierra prometida.

Muchos cristianos se derrumban cuando las cosas no salen como ellos quieren. Puedes saber que Dios está contigo y que te sacará como oro refinado después de pasar siete veces por el fuego.

Dios demorará el examen, pero es mejor que me aprenda la lección lo antes posible para poder seguir adelante. A veces, demorar el examen es prolongar el sufrimiento.

Todas las cosas no son, necesariamente, el resultado directo de un examen o de la tentación del diablo. A veces es, sencillamente, la vida. Si tú vives de la manera en que Dios quiere que lo hagas, crecerás en el Señor; serás más fuerte en sus cosas y recibirás liberación.

Recientemente fui disertante en una conferencia donde nada parecía hacerse fácilmente. Rose, mi madre, quien viaja conmigo frecuentemente, también lo sintió. Me preguntó si estaba frustrada. Mi respuesta fue:

—No, ya he tenido que lidiar con este problema antes de venir. Vamos a dejarnos llevar por la corriente y ser siervas. Nos ofreceremos a nosotras mismas y pondremos amor en estas mujeres, observando cómo Dios hace milagros. Dejemos que las demás corran y se irriten.

Le dije que íbamos a responder con dignidad y gracia. Honraríamos al Señor en medio de esa confusión y Dios nos iba a liberar. ¡Y Él lo hizo! Tuvimos una gran conferencia.

Tienes que fluir en el Espíritu cuando todo y todos van en diferentes direcciones.

Las dificultades tienen un propósito

Existen dos propósitos para las tribulaciones por las que pasamos en la vida. Dios tiene un propósito y Satanás otro.

Sabemos que el propósito de Satanás es robar, matar, destruir e instilar temor en ti. Quiere que huyas, que te rindas, que dudes, que pierdas la fe en Dios. Él planta la duda en aquello que Dios te ha prometido. Recibes una promesa, o una palabra de profecía, pero las circunstancias de la vida se oponen a lo que Dios te ha dicho.

Abraham recibió una promesa de Dios: que su simiente bendeciría a todas las familias de la tierra. Pero las circunstancias reales decían que Sara era estéril, y que seguiría así hasta pasada la edad para concebir. A pesar de ello, las circunstancias no anularon la promesa de Dios.

Si dejas de ser agresiva con el enemigo, perderás tu destino en la vida. El Señor te dirá: «Lo lograste, pero nunca alcanzaste el destino que tenía para ti debido a tu autocompasión. Nunca te asiste realmente a mis promesas. En cambio, le diste cabida a la duda, por lo tanto, perdiste lo mejor que tenía para ti.»

La Palabra nos insta a resistir al diablo. La palabra resistir significa «oponerse». Nos oponemos al enemigo no abandonando la confianza ni la fe en Dios.

Cuida tu mente

Hay lugares donde no me permito divagar, porque el enemigo nos ataca en nuestros pensamientos.

Murmuramos de los demás sin darnos cuenta la

importancia de disciplinar nuestra mente para no introducirnos en esas áreas. También sabemos que el enemigo querrá que nos detengamos en asuntos del pasado, como viejas heridas y sufrimientos. Él quiere que apretemos la tecla de «retroceso» en las cosas que nos duelen y trata de traer acusaciones contra nuestros hermanos en el Señor.

En cuanto me doy cuenta que eso pasa por mi mente, me dirijo a Satanás diciéndole: «No voy a entrar ahí, diablo. Perdiste.» Tomo control de mis pensamientos y pongo mi mente en las cosas de Dios, en su Palabra y en sus promesas.

El diablo quiere que caigas de nariz en medio de tu tribulación y exclames: «¿Por qué, Señor? ¿Por qué?» Nuestro Padre nos dice: «Mi gracia es suficiente».

Hay muchos cristianos que naufragan en la fe por no comprender por qué Dios no les contesta en el tiempo y en la manera que esperan. Consecuentemente, abandonan la promesa y se entregan al desánimo. La confianza completa y total en Dios son los medios que debes usar para vencer el desánimo y para recibir sus promesas.

Job dijo: «Aunque Él me matare, en Él esperaré». No era Dios quien lo estaba matando. No estaba tratando de matarlo, en absoluto; y Dios no quiere matarte a ti tampoco. Él quiere cosas buenas para ti, más de lo que tú quieres para ti misma.

Puedes decir victoriosa: «La situación en mi trabajo, en mi familia o en mi iglesia puede que en estos momentos no sea como yo quisiera, pero no le voy a dar la espalda a tus promesas. Me diste una promesa y voy a atravesar esta situación sin quejarme ni lamentarme, sino que lo haré con dignidad, aunque no la entienda completamente.

Hablo con experiencia

Una vez, en un momento difícil de mi vida, tuve ganas de abandonar todo. Iba a las reuniones y hacía todo lo que se esperaba que hiciera, pero nadie sabía lo que me estaba pasando. Nadie se podía imaginar el sufrimiento, el dolor y la aflicción que padecía.

Fue sólo la gracia de Dios la que me sacó adelante, no Cathy Lechner; ella hubiese salido corriendo lo más lejos posible.

Mes tras mes, el Señor me decía en medio del conflicto: «Levántate y anda, porque mi gracia es suficiente para ti. Puedes seguir adelante porque voy a ayudarte». Yo le contestaba: «No tengo nada que darle a nadie, porque yo misma necesito algo para mí. No tengo esperanza. ¿Cómo puedo dársela a los demás?»

Nuevamente el Señor me decía: «Sólo persevera». Yo sabía que si no seguía adelante, si me entregaba a la desesperación, el diablo usaría mi fracaso para derrotar a otras personas.

Comencé a batallar contra el diablo. Quería que todos los que estuviesen mirando supiesen que iba a triunfar. Podrían decir: «No se va a morir por este sufrimiento. ¡Lo va a lograr!»

La gente seguirá tus huellas, y si te rindes los afectarás lo mismo que a los de tu casa. Satanás tratará de destruir tu influencia, robándote la fe y la victoria.

Si peleas contra el enemigo y te sostienes de la Palabra de Dios, vencerás. Los que te rodean lo verán y aumentarán su esperanza y serán liberados. Dios quiere animarte y quiere que sepas que te ama. Él te ministrará y te hablará.

«Mucha franqueza tengo con vosotros; mucho
me glorío con respecto de vosotros; lleno estoy

de consolación; sobreabundo de gozo en todas *nuestras* tribulaciones.»

—2 Corintios 7.4 (*itálicas agregadas*)

Usualmente, nuestra perspectiva es diferente a la de Pablo. Nosotros decimos: «Espero salir de todas mis aflicciones. Espero llegar a la reunión para recibir una palabra y saber cuándo terminará mi sufrimiento.»

Cuando estoy pasando por dificultades, espero que mi marido me diga: «Querida, siento mucho por lo que estás pasando. Toma la tarjeta de crédito y ve a comprarte algo que te levante el ánimo.»

Lo siento, pero en mi casa no funciona así. Él dice: «Te preocupas por esta situación, ¿y de qué te sirve?» Sé que él tiene razón, pero igual quiero que me consuele y se apiade de mí. También sé que puede abrazarme todo el día, pero, al final, eso no cambiará la situación.

Dios dice: «Quiero que te levantes y comiences a declarar que vas a sobrellevarlo».

Nehemías, en lo peor de las circunstancias, dijo: «Id, comed grosuras, y bebed vino dulce, y enviad porciones a los que no tienen nada preparado ... porque el gozo de Jehová es vuestra fuerza» (Nehemías 8.10).

«Comer y beber vino dulce» me suena a fiesta, con pastel y helados. Haz fiesta en medio de tu aflicción. Que tu alegría no encuentre límites. Pasa tus tribulaciones con dignidad. Dios no te ha dejado; Él está ahí para sacarte adelante.

5

Aprendes a contentarte al no tener lo que quieres

Si te quieres hacer rica rápidamente, múdate a Hollywood y ejerce como cirujana plástica. La gente, con toda su fama y riqueza, está tratando continuamente de sacar algo de un lado y ponerlo en otro. Confieso: siempre quise ser una combinación de la princesa Diana y Loni Anderson. Pero eso es imposible porque tengo una madre italiana de baja estatura y sé que jamás podría medir 1,77 m. Mi estatura va a ser siempre de 1,55 m. Y lo que es peor, con el tiempo el cuerpo se encoge.

Lo evidente es que la gente nunca está conforme. Algunos no están contentos con lo que son o en donde viven. Otros no son felices con su estatura o su peso. Te compras un automóvil nuevo y el modelo que sale después tiene más «juguetes», y el tuyo queda fuera de moda. ¿Y la computadora que te acabas de comprar? ¿Te habla? ¡Las nuevas lo hacen!

Muchos cristianos ni siquiera se pueden gozar en las oraciones contestadas porque siempre hay otras que no lo son. Viven en el punto en el que no están contentos ni consigo mismos, ni con cómo van desarrollándose sus vidas.

El plan del enemigo es que no estés conforme con tu vida. Quiere que estés disconforme con tu iglesia, con tu pastor, tu soltería.

¿Estás infeliz con tu pareja? Frecuentemente escucho comentarios como: «Estoy casada, pero mi esposo no me gusta. Me gustaría que fuera diferente. Me gustaría la combinación de un astronauta, un neurocirujano, un abogado y Kenneth Copeland. ¿Cómo lo consigo?»

El Señor me dijo lo siguiente: «Hija, todo lo que tiene que hacer el enemigo para que vivas frustrada o disconforme es desviar el foco de tu atención de lo que tienes a lo que no tienes.»

Lucifer era el padre de la frustración. No era feliz siendo el director del coro en los cielos, liderando a las multitudes en adoración a Dios. Se levantó diciendo: «Quiero ser como el Altísimo». Ni siquiera estaba contento con ese deseo. Comenzó a sembrar semillas de disconformidad en el ser humano. Le dijo a Eva: «Sí, ustedes tienen todo el jardín, pero, ¿qué me dices de esos dos árboles que están ahí?» Satanás sembró el descontento.

Filipenses 4.4 dice: «Regocijaos en el Señor siempre. Otra vez digo: ¡Regocijaos!» Ahora bien, tú no puedes regocijarte si primero no te gozas.

¿Te sientes abatida y descontenta? Mira, aunque parezca grosera, tú no puedes vomitar hasta que primero no comas algo. Por lo tanto, repito, no te puedes regocijar si no te gozas primero.

De eso se trata la alabanza y la adoración. Cuando alabamos y adoramos estamos tratando de liberarnos de la atadura de descontentamiento. Pero tú tienes que ser quien lo haga. Tú te dispones y adoras al Señor.

Algunas dicen: «¡...es que no puedo!». Una de las cosas más difíciles de lograr que haga la gente es que se abra paso a la alabanza. Dicen «no es mi personalidad no es así. No lo quiero; todo lo que quiero es la Palabra.» Y Dios te dice: «Ya te di la palabra ... ¡libérate! ¡Regocíjate!»

Nosotros los carismáticos amamos el versículo que dice: «Todo lo puedo en Cristo que me fortalece» (Filipenses 4.13). Pero no lo leemos en el contexto en el que Pablo lo escribe. Él dice que funciona; que tienes que orar, dar gracias, pensar en las cosas verdaderas y practicar lo que has aprendido» (vs. 6,8-9).

Pablo admite que no nació ya conforme; nadie le impuso las manos para que se conformara, sino que trabajó para lograrlo. Alcanzar el contentamiento es un proceso que se aprende. Mi definición favorita de contentamiento es vivir independientemente de las circunstancias. He aprendido a vivir de esta manera. No importa lo que suceda a mi alrededor, he aprendido a contentarme en la vida. Si quieres triunfar en Dios, debes estar dispuesta a pasar por este proceso de aprendizaje.

Sirviendo con una actitud negativa

Dios ha estado hablando esto a mi vida: «Si quieres ser un gigante en el reino de Dios, sólo tienes que hacer lo que el 98% de los cristianos en el Cuerpo de Cristo no hacen —leer, orar, dar y ser agradecida.» Ya sea que maneje una camioneta o me vengan a buscar en limosina, mi actitud agradecida es lo que marca la diferencia.

¿Alguna vez exclamaste: «¡No sé por qué Dios no hace nada por mí!»? Dios sí está haciendo algo por ti. ¡Está cambiando las circunstancias! ¡Él te ama! Tienes sus promesas. Lo que cuenta, en realidad, es la actitud que tienes cuando estás manejando la camioneta en ese terreno difícil, viviendo en una casa sin aire acondicionado, o trabajando en lo que no te gusta. Es tu actitud cuando te encuentras en esas circunstancias las que determinan si eres capaz de ir al próximo lugar que Dios tiene para ti.

Por un tiempo estuvimos sin salario, por causa de una división en la iglesia, quedándonos sin vehículos para movernos. Es difícil tener un ministerio itinerante y no tener cómo movernos. Alguien nos hizo los trámites para alquilar un automóvil, y nos tocó uno horrible. ¡Parecía un modelo de principio de siglo! Era espantoso, grande, ruidoso. Detestaba ese auto.

Mi hija Jerusha y yo le pusimos el apodo de «Mandíbula» porque era gris (como un tiburón) y consumía gasolina como loco. Se paraba en medio de cualquier esquina. Jerusha, quien por ese tiempo era una niña pequeña, decía: «Mami, no me subo más a ese auto. Me da vergüenza. ¡Siempre se descompone y tenemos que empujarlo hasta cruzar la avenida principal...!»

Yo murmuraba y me quejaba con el Señor. Finalmente, el Señor me dio convicción y me mostró que no estaba siendo agradecida. Le dije que estaba pagando más de $100 por mes por el alquiler de ese viejo automóvil, y Él me dijo: «Te estoy proveyendo». Luego de eso, le di a «Mandíbula» una buena lavada con champú, y lo limpié bien por dentro y abajo de los asientos —sacando los restos de papelitos de caramelos y viejas papas fritas; tu sabes, lo que uno encuentra allí, especialmente si tienes niños. Lo lustré y comencé a bendecir aquel auto y a darle gracias a Dios por él, sabiendo que no iba a tener que manejarlo mucho tiempo más. Dios tenía algo mejor para mí. Había tomado la decisión de no murmurar ni quejarme más.

Uno o dos meses más tarde, Dios se movió a favor nuestro y nos dio un automóvil mejor. ¿La lección? Tenía que aprender a contentarme.

Saber quién eres en Dios

Estados Unidos es el país más rico del mundo. Para muchos de los estadounidenses, todas nuestras necesidades están cubiertas. No creemos que sea así, pero tenemos planes de salud, asistencia dental, estampillas de alimentos para los pobres y mucho más. No sabemos lo que es tener guerra dentro del país. Sabemos que hay mucha violencia, pero, ¿te gustaría mudarte a Bosnia, Senegal o Ruanda? Hay mucha necesidad en esos países.

A pesar de ser una nación bendecida, muere más gente por suicidios que por asesinatos. Oímos estadísticas acerca del gran número de muertes, pero no de suicidios, aunque el porcentaje es mayor. ¿Por qué hay tanta gente que se quita la vida? Porque hay algo mal adentro. Toda premisa de la publicidad es hacernos sentir disconformes. Los avisos de televisión nos dicen que podemos tener todo lo que queramos y que podemos obtenerlo como queramos. Queremos alcanzar las alturas más elevadas, manejar los mejores autos y vivir en barrios exclusivos. La imagen es todo. No interesa si el vestido es de mal gusto, siempre y cuando sea de marca.

Estaba en el aeropuerto esperando el avión cuando se acercaron unos adolescentes, quienes, a pesar de querer ser diferentes, estaban todos «impresos con el mismo molde».

Usaban pantalones cortos. Bueno, no eran tan cortos que digamos, sino una especie de cortos-largos. La entrepierna les llegaba al piso y se les asomaban los calzoncillos por la cintura.

Al verlos pensé: «¿Cuánta gente comprará esa clase de pantalones?» Me daban ganas de correr a subírselos. Tres personas cabrían en un solo pantalón de esos. El calzado era demasiado grande, y llevaban los cordones sueltos. Tenían el pelo cortado de tal forma que se leían letras. Y se creían originales. Me estaba riendo para mis adentros cuando escuché la voz del Espíritu Santo, advirtiéndome:

—Cathy, no está bien reírse de la gente.

Me arrepentí, pero estoy segura de haber escuchado la voz del Señor diciéndome:

—...a mi también me pareció divertido.

A la gente le gusta parecerse a los demás. Si estás segura de ti misma, no tienes por qué parecerte a nadie. Tú sabes quién eres en Dios. Si estás en el ministerio, el tuyo no tiene que parecerse al de nadie más. Si tu ministerio es diferente al de otros, tampoco te enorgullezcas y creas que es mejor. Sé humilde. No te agrandes ante Dios. No somos más que hormiguitas a las que Dios podría pisar, si quisiera.

Nuestra segunda naturaleza

¿Cuál es la última cosa de la que te has quejado? ¿De tus amorosos hijos? ¿Sería mejor tenerlos en silla de ruedas? ¿Te quejaste de tu marido? Dite a ti misma: «Me casé con la persona correcta». Eso queda establecido para siempre.

Durante una aparición por televisión, el productor, erróneamente, puso mi dirección en la pantalla en lugar de la dirección del estudio. Me llegan pilas de cartas de mujeres solteras que quieren una palabra de parte de Dios. ¿Sabes lo que quieren todas, sin excepción? ¡Un marido!

Le sugerí a mi secretaria que, si pudiéramos enviarle a todas esas mujeres solteras disconformes, por unos pocos días, algunos de los esposos difíciles que conocimos, veríamos entonces si continuaban con la idea de casarse. El enemigo hará todo lo que pueda para que estés disconforme.

Hablando con un pastor que estaba molesto e irritado con su iglesia. Me dijo:

—Esta es una congregación muy pequeña. Me merezco algo mejor.

Le dije que no llegaría a ningún lado con esa actitud. Le afirmé que teníamos lo que Dios sabía que podía confiarnos.

El descontento puede ser agitado por otros. No dejes que la gente negativa te tire basura. No andes con chismosos. Por cada minuto que escuches cosas negativas, necesitarás seis minutos de cosas positivas para equilibrarlo. Cita la Escritura: «...todo lo que es de buen nombre ... en esto pensad» (Filipenses 4.8). Las personas negativas tienen el problema. Ora por ellas.

La Palabra dice que la persona que no perdona, inhibe la presencia de Dios en su vida (ver Marcos 11.25). También dice que Dios habita en medio de la alabanza de su pueblo (ver Salmo 22.3). ¿Ya descubriste qué espíritu está en medio de los chismosos y rezongones?

En camino a una reunión en Filadelfia, Dios empezó a trabajar conmigo sobre las quejas y rezongos. Mientras mi madre y yo esperábamos en el aeropuerto de Jacksonville, le dije:

—Verdaderamente, quiero que me ayudes. No quiero quejarme ni murmurar, ni quiero rezongar. Necesito que me ayudes recordándomelo cada vez que lo haga.

Me preguntó si no me iba a enojar con ella cuando

lo hiciera y le aseguré que no. Al rato de aquella conversación, anunciaron que el vuelo a Filadelfia estaba demorado debido a un problema en el avión. Ya sabes, lo de siempre, que un ala se despegó y que en cuanto consiguieran un buen pegamento y lo arreglaran, abordaríamos.

Pensé: «*¡Grandioso; esto nos hará llegar tarde!*» Mi mente pensaba por adelantado en el automóvil alquilado que nos estaba esperando.

Terminamos viajando en primera clase sin cargo adicional. Me gusta la primera clase porque, en lugar de arrojarte los maníes, la azafata los coloca muy amablemente en la mesita que tienes enfrente. Mientras nos acomodábamos en nuestros asientos, se nos sentó delante una niña. Esta niña siempre se me sienta cerca, me sigue a todas partes. Se dio vuelta y me dijo:

—Hola, hola.

Al rato insistió:

—¡Hola; tiré mi juego! Hola, hola.

—Date vuelta, querida —le dije—. Siéntate o te vas a caer del avión —hasta mi madre se estaba perturbando con su actuación.

Finalmente le dije:

—Querida, siéntate ahora mismo o te doy un cachetazo.

Me gustan los chicos. Sólo tengo problemas con los padres que no los controlan.

Llegamos al aeropuerto y corrimos a la oficina donde mi marido había reservado un auto grande para mí. A él le gusta que ande en vehículos grandes cuando estoy en autopistas desconocidas y no sé dónde voy, lo cual me sucede a menudo.

Mostré los papeles y le dije al empleado que iba a recoger el auto. Me dijo que ni siquiera tenían ese modelo de automóvil. Insistí en que quería uno grande, cualquier modelo. La misma respuesta. Nos aseguró que tendríamos el mejor automóvil disponible y nos trajo un autito muy simpático.

Me dijo que era el mejor del mundo. «¡Dios maneja este auto!» Se ofendió muchísimo cuando le dije que nuestro equipaje no entraba. Para rematarla, las instrucciones estaban en árabe. La bocina estaba salida y caía sobre el volante, el espejo colgaba y una vez que logré hacer funcionar los limpiaparabrisas, no los pude apagar. Sabía que era una conspiración del diablo para destruirme.

Se estaba haciendo tarde. Metimos el equipaje y nos lanzamos por la Interestatal 95 rumbo norte, en dirección al hotel en Filadelfia, a treinta minutos del lugar. Después de manejar una hora, comenzamos a sospechar, especialmente cuando mi mamá me preguntó si se suponía que viésemos un cartel de «Bienvenidos a Nueva Jersey». Le dije que ya no veía bien debido a su edad, pero me tuve que arrepentir cuando vi el letrero que decía «Autopista a Nueva Jersey, próxima salida».

Agradezco a Dios por los teléfonos en los automóviles. A medianoche, llamé al pastor que organizaba la conferencia y le dije dónde estaba perdida. Te puedes imaginar nuestra sorpresa cuando nos enteramos que deberíamos haber tomado la Interestatal 95 sur. Nos habían dado mal las indicaciones, lo que significaba que teníamos que volver atrás y empezar de nuevo.

Sentada al volante y con la valija dándome en la cabeza, por atrás, cada vez que el auto pasaba por una irregularidad en el camino, empecé a «echar humo». ¡No lo podía creer! ¡Ya estaba cinco horas atrasada, tenía que ministrar a toda esa gente, y esos locos de la agencia de autos me arruinaron todo! ...y seguí, y seguí. Mi mamá me escuchó un rato. Luego dijo lo que yo no quería escuchar.

—Bueno, ¿quieres que comencemos con esto de las quejas?

Aminoré y le dije que se bajara del auto. Podría vender sus cintas grabadas y cantar de camino a casa. Pero estaba segura de haber escuchado al Espíritu Santo, diciendo: «¡*Te agarré!*»

El quejarnos es nuestra segunda naturaleza. Nos quejamos de todo. Del restaurante, de la camarera, de los servicios de la iglesia; ¡de todo nos quejamos!

¿Quieres servir al enemigo?

Hay un versículo que me ayuda para dejar de quejarme. Es Deuteronomio 28.47-48:

> «Por cuanto no serviste a Jehová tu Dios con alegría y con gozo de corazón, por la abundancia de todas las cosas, servirás, por tanto, a tus enemigos que enviare Jehová contra ti, con hambre y con sed y con desnudez, y con falta de todas las cosas; y él pondrá yugo de hierro sobre tu cuello, hasta destruirte.»

Es por eso que hay tanta gente que quiere cosas de Dios y no consigue nada. No sirven al Señor con alegría y gozo por la abundancia de todas las cosas. En cambio, han servido a sus enemigos. ¿Quiénes son los enemigos? Las enfermedades, la pobreza, las carencias continuas, el sufrimiento, el quebrantamiento, la soledad, la depresión, el temor, la ansiedad y la frustración.

Dios dijo: «porque no me sirvieron con alegría y gozo de corazón, serán como los hijos de Israel, andarán errantes y no entrarán a la tierra prometida». Dios quiere que aprendamos de esos enemigos. Él quiere que practiquemos el servirlo con gozo y alegría en las circunstancias en las que nos encontramos ahora.

Dios me clavó a la pared en algunas ocasiones en que me quejé. En una oportunidad acabábamos de limpiar la cocina, preparándonos para celebrar el primer cumpleaños de Samuel. Samuel y Hannah ya estaban bañados y con sus pijamas. Todo lo que teníamos que hacer era comer el pastel, sacar algunas fotos y luego mandar a todo el mundo a la cama. ¿Cierto? ¡Falso!

Samuel ya había hecho lo de costumbre... ya sabes, meter los dedos en el pastel. Yo pensé: «Bueno, lo limpiaremos un poco». Para entonces, Hannah decidió entrar en acción. Gateó hasta la silla de Samuel, tomó un puñado del pastel, se frotó las manos y procedió a embadurnarse el pelo.

Todo el lugar era «zona de desastre». Mi primer reacción fue gritar: «¡Ya los bañé! ¡Ya limpié el piso!» Pero, no sé cómo, las palabras se atascaron en mi garganta. Durante años había estado añorando a los bebés sentados a mi mesa, desparramando pastel por todas partes. Entonces mi grito se convirtió en:

—Gracias, Señor; no son más que unas migas. Lavaré a los niños.

Dios los hizo así: lávalo y úsalo.

Tendemos a concentrarnos en lo negativo. Nos enfocamos en cuánto trabajo habrá y cuán arduo será. Es como si nunca pudiéramos estacionar el auto cerca de la iglesia o sentarnos en «nuestro» banco, y nos quejamos porque no podemos servir al Señor con abundante gozo. Recuerda que Él dice: «Si no me sirves a mí, dejaré que sirvas a tus enemigos.»

Si ahora mismo, al mirar tu situación, no dices: «Serviré al Señor con gozo y alegría de corazón», entonces estás sirviendo a tus enemigos. Cuando la gente te pregunte: «¿Cómo estás?», trata de contestar:

«¡Bendecida!» ¿Significará eso que no tienes luchas? No, sin embargo tu respuesta puede seguir siendo: «Estoy bendecida.» Conmuévete con lo que Jesús ha hecho en tu vida.

El traductor bíblico Ben Campbell Johnson parafraseó a Filipenses 4.12-13 de la siguiente manera:

> «Puedo aceptar el ser denigrado como reconocido; en efecto, me he adaptado a todo tipo de existencia. Puedo pasar hambre o estar satisfecho; puedo manejar riquezas o puedo tener poco. He aprendido a hacer todo con buena actitud, porque Cristo es el centro energizador de mi vida.»

¿Puedes decir eso? «Él es mi centro, Él es mi todo en todo. No importa lo que pase. No importa cuánto trate el enemigo de zarandear, sacudir y hacer rodar la jaula. No me importa si las cosas no se dan como yo quiero. No me importa si pierdo a mi mejor amiga o si me hago de nuevas amistades. Todo lo que me importa es Jesucristo. Puedo hacer cualquier cosa, porque Él es el centro de mi vida, y ha prometido ocuparse de mí.»

Todo el mundo tiene problemas. Sin duda, tú tendrás algún problema, alguna situación difícil por la que estás pasando. Te pregunto: «¿dónde está tu enfoque?»

Si Jesús es la energía central de tu vida, el contentamiento es posible. A Pablo le dio resultado y también puede dártelo a ti.

6

Siempre es más difícil de lo que crees

Estaba sentada en mi sillón, recuperándome de un accidente automovilístico. Me sentía especialmente encantadora esa tarde, sin nada de maquillaje y con mi vieja bata de entrecasa, dejando pasar el día. Me puse a pasar los canales de televisión. «Juegos», no. «Compras», no. «Mi esposo me dejó y mi hermana está coqueteando con mi pretendiente», no. ¡Ajá! Finalmente, una buena novela a la antigua. Bien, veré de qué se trata. Nunca fui aficionada a las telenovelas y ese día me di cuenta por qué.

Mientras el estómago se revuelve

La cámara enfocó un dios y una diosa griegos acostados en un precioso dormitorio decorado al estilo Laura Ashley. Por supuesto, esta gente estaba casada ...solo que no el uno con el otro. La mujer, cuya larga cabellera dorada estaba perfectamente acomodada sobre la delicada almohada, no tenía ni aliento matutino, ni lagañas en los ojos, y su maquillaje estaba impecable. Esta era la-mañana-después-de-la-noche-anterior. Su amante estaba al lado, apoyado sobre un codo, perfectamente peinado, musculoso. Pronunció una sola palabra.

—Safiro... —era el nombre de ella.

—Slade... —contestó ella.

—Safiro...

—Slade...

—Safiro...

—Slade...

Supongo que te imaginas la escena.

¿Te fijaste en esta gente perfecta, en sus perfectas casas, que no tienen nombres como la gente común y corriente? Y hay mujeres alrededor del mundo que miran estas cosas. Excepto, desde ya, que en Francia es Francoise, Michelle, etcétera.

Entonces, entra tu marido a casa. Obviamente, él no se llama Slade, Rock o Francoise; es Juan, el de siempre. Viene de trabajar, cena sin hablar, eructa y se queda dormido en el sillón mirando televisión. Tu ves como el vientre de tu amado sube y baja al ritmo de sus ronquidos. Huuummm, no es Slade, ¡pero, obvio, tú tampoco eres Safiro!

Sabemos que la imagen que nos venden por televisión no es la verdadera existencia. Una cosa que he aprendido de la vida verdadera en mi andar cristiano es que siempre es más difícil de lo que te imaginas. Es la experiencia del desierto.

¿Por qué Dios nos lleva al desierto? Lo hace para humillarnos y para mostrarnos lo que hay en nuestro corazón, si hacemos su voluntad. ¿Estás dispuesta a hacer la voluntad de Dios en el desierto?

De la A a la Z con el Alfa y Omega

El reino de Dios puede resumirse en los principios de la A a la Z. A es el lugar donde empezamos, donde comenzamos nuestro caminar cristiano; Z es el lugar donde se cumplen todas las promesas.

En el punto A, el Espíritu del Señor nos dice:

—Hija ¿quieres ver tu destino? ¿Quieres que te muestre y te diga lo que tengo para ti? Nuestra respuesta es:

—Sí, Dios; lo quiero. ¡Quiero verlo!

Él nos da una maravillosa palabra por medio de un profeta en una reunión. Nos dice:

—Entra y toma posesión de tu promesa.

Nosotras decimos:

—Bien; lo hago.

Cantamos: «Puedo subir y tomar la nación; sí, y poseer la tierra del Jordán...» ¡Epa! ¿Dónde se fueron todos?

En el punto C nos encontramos en medio del valle de sombra de muerte. Pero seguimos hasta el punto E, F y G diciendo:

—Señor, ¿qué está pasando?

Empezamos a hacer guerra. Atamos todo. Yo hasta había hecho una religión con el asunto de atar.

—¡Te ato hasta el tercer y cuarto grado, y el quinto y séptimo nivel. Te echo fuera. ¡El Señor te ata, espíritu de Icabod!

—¿Qué estás haciendo? —me preguntó una vez mi marido.

—¡Estoy atando...!

—¿Por qué? —me preguntó. —¡No hay un demonio ni a 10 Km. a la redonda! Puedes parar.

Luego llegamos a los puntos L y M. Ahí es cuando decimos:

—¡Oh Jesús, mátame! ¡Llévame a casa! Ya no soporto esto. Si no fuera por mis hijos, podría morirme ahora mismo.

Jesús no te mata, porque el objetivo no es llevarte al Cielo, sino traer el Cielo hacia ti. Si Dios te quisiera en el Cielo, en cuanto fuiste salva le hubiese dado un arma a tu pastor y ¡bang!, él hubiera marcado tu boleto y te hubiera mandado allá.

Pero el Señor te dejó vivir. Sigues adelante hasta llegar a R y S y piensas: «¿Dónde están las personas que me dieron esta palabra? Quiero sus nombres y sus números de teléfono. Ya no quiero más profecías». (Una vez le dije a mi esposo que no necesitaba otra profecía; si se llegaban a cumplir todas las que tenía, estaba conforme por el resto de mi vida).

Finalmente, llegamos a X e Y. Ahí es donde podemos decir: «Señor, si se cumple tu promesa en mí, alabaré tu nombre; si no se cumple, alabaré tu nombre. Todo lo que deseo es glorificarte.» Entonces: ¡Bum!; el Espíritu del Señor nos lleva directo a la Z.

Puede que estés pensando: «Cathy, si yo hubiese sabido eso de entrada, en el punto A, hubiera dicho: te alabaré, ya sea que me hagas entrar o no».

Pero, como ves, Dios no lo hace así porque sabe que debes ir desde la A hasta la Z, a fin de trabajar el carácter de su Hijo en ti. La persona que entra en el desierto no es la misma que sale. Es la experiencia del desierto la que te transforma.

Lecciones en el desierto

Cuando Cristo llega a tu vida y naces de nuevo, tienes que aprender algunas lecciones sencillas. Después de haber caminado con el Señor algunos años, llegas a nuevos territorios y zonas hasta llegar a un lugar donde aquellas cosas que antes funcionaban en tu vida, dejan de hacerlo. Aprendes a atar y a echar fuera.

Empiezas diciendo:

—Señor, úsame.

Entonces Él comienza a expandirte, llevándote a niveles superiores. «¿No te lo he ordenado yo? ¡Sé fuerte y valiente! No temas ni te acobardes. porque el Señor tu Dios estará contigo dondequiera que vayas» (ver Josué 1.9).

Tal vez haz llegado a un nuevo nivel y es menester una gran fe para lanzarse a dar el próximo salto.

El razonamiento ha comenzado a instalarse, explicando por qué Dios todavía no ha cumplido su promesa. Te dices a ti misma que Él no puede hacerlo, que estás fuera de su voluntad, que te lo perdiste. Te preguntas por qué hiciste un compromiso tan tonto, y de pronto, el razonamiento le corta la cabeza a la fe.

Dios quiere que te des cuenta que el propósito de las lecciones en el desierto es traerte a un lugar en el que puedas decir: «Confiaré en el Señor».

Los ancianos israelitas murieron en el desierto. Tenían la mentalidad temerosa del esclavo. Dios quiere erradicar de ti ese mismo temor, el cual dice: «Le fallé al Señor y sé que no me sacará de este desierto».

Dios está dando a luz una nueva generación hoy en día, una generación que ha tomado la decisión de confiar en Él, no importa lo que pase. Solía cantar una canción que hablaba de estar en el valle donde Dios restauraría mi alma, porque Él sabía que yo no podía crecer en la montaña. Allí es adonde, en cierto punto, nos lleva la experiencia del desierto: al valle.

Los principios se aprenden en el desierto. Uno de esos principios que Dios me ha enseñado es que la verdad excede al conocimiento. No hay nada de malo en tener conocimiento, pero prefiero que mi abuela de 88 años, quien no es ninguna erudita, me imponga sus manos dejando fluir la unción de Dios en mi vida, en lugar de que lo haga cualquier otra persona estudiosa.

Es lo mismo en el matrimonio. La gente te puede decir cómo tiene que ser el matrimonio. El Príncipe Galán, montado en su hermoso caballo, toma a una dulce chica y ambos cabalgan juntos para irse a vivir felices a su palacio. Lo he dicho en muchas ocasiones: aquellas que esperan que su caballero, vestido con una resplandeciente armadura, venga a llevársela, igual tendrá que limpiar lo que el caballo ensucie. Recuerda que la verdad excede al conocimiento.

Este principio también se aplica a la educación de los hijos. Alguien que nunca tuvo hijos te quiere decir cómo criar los tuyos. No tiene el conocimiento de primera mano acerca de cómo criarlos.

Moisés tuvo la mejor educación que alguien puede tener. Se educó con los mejores maestros, pero cuando Dios le quiso enseñar quién era Él y mostrarle el plan para su vida, ¿dónde lo llevó?: al desierto.

El desierto no es sólo el lugar donde podemos ver su liberación, sino también donde podemos aprender. Es el lugar donde, generalmente, nuestras fórmulas fallan. Tendemos a ordenar que la Palabra de Dios se haga realidad, y la queremos para el jueves, que es nuestro momento apropiado, no el de Dios. Él no está obligado a hacer nuestra voluntad sólo porque pataleamos, gritamos y exigimos.

A la mayoría de las personas les gusta controlar las situaciones, pero eso, simplemente, no es posible. Hace algunos años estábamos pensando en mudarnos. Volví de una reunión en Pittsburgh un viernes a la noche y tenía que empacar todo para la mudanza del lunes. El sábado, mientras estaba metiendo las cosas en las cajas,

me avisaron que el contrato se había anulado y no teníamos una casa donde ir.

—¡Lo único que faltaba! —exclamé. Tenía ganas de
irme a la cama y taparme hasta la cabeza hasta que
todo ese lío se resolviera. Pero, de pronto, decidí que
me iba a reír. No tenía ganas de reírme pero sabía que
había una lección que debía aprender. Empecé a
pasearme por la casa, riéndome; tropezando con las
cajas, pero riéndome. Mi marido creyó que ya había
tocado fondo.

Me reí gozosa, y le dije al Señor que Él estaba en
control, y que no podía esperar para ver qué era lo que
haría. A las veinticuatro horas se había resuelto todo el
asunto. El lunes me mudé a mi nueva casa. Mi primera
reacción había sido de duda. «Tal vez esta no sea la casa para nosotros; tal vez Dios no quiere que nos mude-
mos, tal vez, tal vez...» Estaba dispuesta a ir a cualquier
lugar al que Dios quisiera llevarme, pero no me iba a
inclinar ante el enemigo que quería robarme la paz.

¿Estás cansada de estar en el aula?

Si no obedecemos, no nos graduaremos; estaremos
siempre en la clase. Hay personas que pasan por las
mismas dificultades y tribulaciones año tras año, siempre aprendiendo pero nunca alcanzando el conocimiento. No crecen, a pesar de que van de reunión en
reunión, en busca de una «palabra del Señor».

Pablo nos dice en 2 de Corintios 12.7 que le fue da-
da una espina en la carne para que no se enalteciera.
Pero Dios le dijo que su gracia era suficiente para vencer, y al final, Pablo dice que se deleita en su debilidad
porque en ella es fuerte. No sólo lo logra, sino que es
un triunfador.

No es el plan de Dios sacarte del desierto y ponerte en un lugar tranquilo y sereno. Pero queremos oír una palabra de parte de Dios, diciéndonos el día y la hora en que seremos liberados del dolor y el sufrimiento. No queremos lidiar con el problema a la manera de Dios. Él desea enseñarte a no gritar en el campo de batalla.

Cantamos sobre el adiestramiento divino de nuestras manos para la batalla, para que el arco de acero se rompa en nuestros brazos. Seremos las «Arnold Schwarzenegger espirituales», las «Exterminadoras». Dios quiere darnos una columna vertebral de acero para que no nos quebremos bajo las presiones.

Dios está buscando capitanes que infundan coraje a los hombres y mujeres que están en el campo de batalla. Cuando la palabra profética de Dios sale, eso es lo que es. Trae esperanza a aquellos que están en combate, y les dice a los heridos que aguanten porque la victoria está cerca.

Tú depones las armas y levantas la bandera blanca porque no es tan pesada para llevar. Te rindes, porque crees que no lo lograrás. Dios quiere que vuelvas a recoger las armas.

Las batallas personales son el campo de entrenamiento para tu ministerio. Si no puedes tener victoria en tu hogar, ¿cómo piensas tenerla afuera? Así como Abraham fue el intercesor por Lot y su familia cuando Sodoma y Gomorra estaban por incendiarse, Dios quiere que seas una intercesora a favor de su pueblo.

¿En quién puede confiar Dios para pararse en la brecha? Abraham insistió y Dios perdonó a Lot. Esa es la clase de cristianos que debemos ser. Intercesores persistentes.

Tuve un sueño que creo fue del Señor. Todos los de la congregación tenían maníes. Después de haber ministrado, se levantó una ofrenda de amor para mí. Todos ponían los maníes en la canasta. Yo intentaba decirle a la gente: «No lo hagan. Lo que le están dando al Señor son maníes. Dios quiere llevarlos a niveles superiores en las finanzas.»

Traté de instruir a la gente, pero no me escuchaban. Uno a uno se iban retirando.

Cuando me desperté, mi almohada estaba mojada. Había llorado y sufrido por la gente y por el bajo valor en que habían puesto la Palabra de Dios. Cuando estaba por darles la Palabra que les daba vida, tenían otra cosa que hacer y se iban.

Mientras yo sufría, el Señor me dijo: «Cathy, hay muchos en mi cuerpo que son así. Rechazan la verdad. Escuchan una y otra vez, pero son como el hombre que mira su imagen en el espejo, pero cuando se va, la olvida. Ellos oyen mi Palabra pero no la obedecen o no se comportan de acuerdo a lo que han oído.»

El desierto es un sitio detestable

Puedes instalar tu carpa en el desierto y llorar todo el tiempo. Las lecciones del desierto tienen la finalidad de llevarte al otro lado. Dios quiere que camines en los planes y promesas que tiene para ti. Continuamente está desafiando tu fe para que avances a un nivel más alto en Él. Es la fe la que te sacará adelante.

Moisés intercedió por su pueblo y evitó un desastre. La intercesión es una persistente relación, cara a cara con Dios. Eso no significa que tienes que orar tres horas seguidas sin parar, sino que debes tomar en serio la oración y las peticiones que le hagas, basada en su Palabra.

Sé honesta, confiesa tus pecados y arrepiéntete por las tareas que no has cumplido.

Una vez le pregunté al Señor por qué era tan bueno conmigo, sabiendo que no había cumplido con todo lo que Él deseaba. Conozco a muchas cristianas más lindas y talentosas que claman a Dios para ser usadas en el ministerio.

El Señor me contestó de esta forma: «Porque tú has puesto en práctica los principios, y eso trae bendición. Has caminado continuamente en obediencia delante de mí, y es por eso que la bendición del Señor está sobre ti.»

Dios no tiene favoritos. No quiere a algunos más que a otros. Favorecerá a aquellos que lo han hecho a Él su favorito, y que cumplen las asignaciones que les ha dado.

¿Cuál es tu tarea? ¿Te ha pedido que ores más? ¿Qué testifiques? ¿Qué dejes de preocuparte? Tú sabes qué es. No es tan difícil. En una ocasión escuché decir a un ministro: «Centímetro a centímetro, se asegura la victoria.»

Ah, no, Señor. ¡Café y azúcar, no!

Dios ha trabajado conmigo en algunas áreas que tal vez para ti no tendrían importancia. Primero, me mostró que tenía que dejar de tomar tanto café porque me estaba haciendo mal. Luego, el Señor trabajó conmigo respecto a mi consumo de azúcar. La corté y, lentamente, me fui sintiendo mejor.

Entonces alguien me dijo que sólo consumía alimentos orgánicos. Me dije: «Algún día voy a tener un jardín orgánico y voy a hilar mi propia tela y hacer mi propia ropa y la lana será de ovejas que solo se alimenten orgánicamente.» ¡No!

Por supuesto que hacer lana orgánica no es razonable ya que es más fácil ir a la tienda y comprar todo hecho. Pero, ¿qué pasa con la vecina que Dios ha puesto en tu corazón para ministrar? Has estado posponiéndolo durante bastante tiempo. Dios quiere que te pongas en la brecha por ellos, por tu familia y por tus hijos que están apartados de Él.

En el último lugar en el que tienes deseos de ministrar es en el desierto. No te sientes con ganas de animar a nadie cuando eres tú quien necesita ser ministrada. Pero te sorprenderá ver cómo se levanta tu espíritu cuando le ministras a otro y dejas de preocuparte por tus propios problemas.

Tuve que aprender esto cuando Jerusha comenzó a caminar, a los trece meses. Empezó tarde, pero fue rápido.

Estábamos cuidando a una anciana judía en nuestro edificio de departamentos y yo le estaba preparando el desayuno. En el tiempo que me llevó servírselo, Jerusha fue hasta el tacho de basura, le sacó la tapa a una lata y corrió por la casa. Lo próximo que vi fue a mi hija sentada en el suelo, gritando. Había sangre por todos lados. Ni siquiera podía encontrar la herida.

Vino la ambulancia y la llevamos al hospital. El enfermero le dijo a su compañero:

—No tiene sentido correr. Perdió mucha sangre; no vivirá.

Agarrando a mi hija, comencé a orar en el Espíritu, maldiciendo el espíritu de muerte.

Un cirujano fue llamado y él dijo, después de examinar a nuestra hija, que la tapa le había penetrado en la mano derecha, cortando los nervios, tendones y arterias. Se iba a aplicar microcirugía, una rama nueva en aquel entonces. Si no daba resultado, habría que amputarle la mano desde la muñeca. Randi miró al compasivo cirujano y le dijo con firmeza:

—No vamos a firmar la autorización para una amputación. Haga lo mejor que pueda, doctor, que nosotros creemos que el Gran Médico hará el resto.

Después de tres horas y media de cirugía, el médico salió moviendo la cabeza, negativamente.

—No pude conectar las arterias cortadas. Se retrajeron y son tan pequeñas que no le puedo dar mucha esperanza de recuperación.

Nos dieron dos posibilidades: perdería la mano o los dedos debido a la insuficiencia de sangre, o su mano no crecería y no la podría usar completamente.

Durante la semana que estuvimos en el hospital, solo unos pocos miembros de la iglesia vinieron o llamaron. Cuando volvimos a casa, una señora de la iglesia nos dijo que le habían aconsejado apartarse de nosotros. ¡Un miembro del grupo de oración dijo que el accidente de nuestra hija era resultado de un pecado oculto! ¡Les dijo que Dios nos estaba castigando!

Me senté en el suelo de la sala, tomé a mi bebé en mis brazos y lloré.

Seguía escuchando: «Perdónala», una y otra vez. Dios me dio la gracia de encontrarme cara a cara con la mujer y abrazarla, mientras ella lloraba pidiendo perdón. Tuve que ministrarle aun estando en el desierto, en medio de mi dolor.

Tú también puedes hacerlo. Haz de Cristo el centro generador de tu vida. Deja que tu vida gire en torno a Él. Saca la vista de ti misma. Puedes tener una buena actitud hacia quienes no son muy amables contigo.

Hoy en día, la mano de nuestra hija está entera. Tiene completo dominio de ella y toca el piano con facilidad. El único recuerdo que le queda son los puntos ...que forman una cruz perfecta en su mano. Yo también tengo esa misma marca ...en mi corazón.

7

La razón por la que quieres salir es, seguramente, la misma por la que te encuentras ahí

E s probable que hayas tenido la experiencia de encontrarte de pronto con que el diablo ha descargado un camión de desgracias en la puerta de tu casa. Él disfruta cuando te puede hacer sentir miserable.

También tiene a sus pequeños demonios por ahí, haciendo lo mejor de su parte para que te sientas más miserable. Durante años, los cristianos no han sabido qué hacer al respecto. Entonces, Dios nos mostró cómo hacer guerra espiritual y muchos de nosotros llegamos hasta lo más profundo (no creo que haya un demonio detrás de cada piedra. Creo que hay diez demonios detrás de cada piedra).

Por un tiempo, hemos estado tan preocupados por los demonios que nos hemos olvidado de Apocalipsis 19.6, donde se nos dice que el Señor, Dios Omnipotente, reina. No tenemos que esperar hasta el final para ganar. ¡Podemos ganar ahora, hoy!

Tenemos un Dios todopoderoso que tiene todo el poder para nosotros. Eso no significa que yo no deba estar alerta, sabiendo que hay un enemigo, no obstante creo que Jesús es la luz que destruye las tinieblas del enemigo.

En una ocasión escuché decir que nuestras conferencias sobre guerra espiritual podrían acortarse si las comenzáramos con seis horas de alabanza y adoración. Eso marcaría el fin de las conferencias sobre guerra espiritual porque no hay diablo que deambule alrededor del pueblo que está en el Lugar Santísimo, adorando y alabando a Dios.

Si tú has sido vencida por el diablo, pon un casete de alabanza en tu grabadora, colócate los audífonos y sube el volumen tan alto como lo resistas, y comienza a alabar al Señor, porque el enemigo no tolera estar donde está la presencia del Señor.

Los lugares difíciles no son una opción

El Día de la Madre me gusta recibir tarjetas, no solo de mis hijos sino también de hombres y mujeres a quienes les he dado nacimiento en el Espíritu de Dios, aunque algunos parecen tener cien años más que yo.

Esa clase de relación con tus hijos espirituales se llama «tutoría» o «mentorazgo». Cuando estés lista, Dios te mostrará a quién vas a aconsejar y quién te aconsejará a ti.

Ahora bien, si alguien se te acerca diciendo que Dios le dijo que debía ser tu mentor, sal corriendo lo más rápido posible. Ese no es el Espíritu del Señor. Cuando Dios te pone con la persona correcta, querrás tener lo que ella tiene. No te va a pedir que te sujetes a ella. Verás algo en esa persona que admirarás y querrás esa misma unción.

Erin, quien ahora es mi secretaria, me llamó desde Washington hace unos cuantos años atrás comunicándome que iba a vender todas sus pertenencias y que se mudaría a la Florida, donde vivimos nosotros. Me dijo que quería lo que Randi y yo teníamos y estaba dispuesta a renunciar a todo por el reino de Dios. La escuché con mis reservas, ya que había oído comentarios similares muchas veces de otras personas.

Ella había llamado en mayo. En agosto se apareció en mi casa diciendo:

—¡Aquí estoy! Quiero que me entrenen. Quiero aprender las cosas del Espíritu del Señor.

No te estoy alentando a que te aparezcas en la puerta de mi casa; lo que estoy diciendo es que cuando Dios te pone delante alguien que tiene algo bueno, harás lo que sea por tener lo que esa persona tiene. Tampoco me refiero a seguir al hombre, sino de seguir al Espíritu de Dios que está en esa persona.

El apóstol Pablo levantó muchos hijos que lo siguieron en el ministerio. Uno de ellos fue un joven llamado Tito. Era el hijo de Pablo en el Señor, y su responsabilidad misionera fue en una comarca llamada Creta. No es un lugar agradable para vivir. Era el primer viaje misionero de Tito, y Pablo le dijo: «Por esta causa te dejé en Creta, para que pusieras en orden lo que queda, y designaras ancianos en cada ciudad como te mandé» (Tito 1.5 *BdlA*).

Sin duda has oído hablar de algún cretense y te imaginaste a alguien de otro planeta. Pablo escuchó el informe de uno de los profetas de Creta que, básicamente, dijo: «Conociendo a mi gente, te digo que hay muchos rebeldes, habladores vanos, mentirosos, glotones, enseñando por ganancias deshonestas» (ver Tito 1.10-12).

Así era la gente en Creta. Pablo mandó allí a Tito,

diciéndole: «Por esta causa te dejé en Creta.» Ese era un lugar problemático.

El mismo Pablo jamás evadió los lugares donde había problemas. Fue golpeado, sufrió un naufragio, fue encarcelado. Me gusta leer cuando entró a la ciudad de Listra para predicar el evangelio (Hechos 14.19-20). Los judíos lo arrastraron fuera de la ciudad, lo apedrearon y lo dejaron casi muerto. Dios lo levantó y él regresó a la ciudad y empezó a predicar de nuevo.

Dios está uniendo a la gente que, como Pablo, no se van de los lugares problemáticos.

¿Puedes superar esto?

Crecí creyendo que sabía todo acerca de los lugares difíciles. Cuando era niña, en la pequeña iglesia pentecostal que pastoreaba mi padre, los domingos a la noche, generalmente, se daban testimonios. Yo los detestaba. No importaba cuántas veces mi padre les dijera a las personas que fueran breves y que no contaran sus logros, no servía de nada. Invariablemente, la gente terminaba diciendo: «Por favor, oren por mí para que aguante hasta el fin.»

Lo único que hacía más tolerable las noches de testimonios era cuando mi papá pedía motivos de oración. Era como el programa de radio ¿Puedes superar esto? «Mi mamá, mi hermana mis tíos, el perro y mi sobrina tienen fiebre, y tengo miedo contagiarme y morirme. Oren y le daré toda la gloria a Dios en el nombre de Jesús.» Ya te lo imaginas.

Lo máximo fue cuando una joven pidió oración por sus «problemas femeninos», y comenzó a hacer una descripción detallada de su reciente visita al ginecólogo. Mi madre se transfiguró. Miró a mi papá con ojos suplicantes, rogándole que la hiciera callar. Yo estaba sentada en el fondo, mirando a mi hermano y pensando: «¿Esto es lo que tenemos que esperar? Ora para que pueda aguantar hasta el final.»

Pablo no se fue de los lugares conflictivos. Su actitud era: «Señor, aumenta mi capacidad para ser ejemplo a los demás.» Eso es lo que quiere hacer el Espíritu del Señor en nosotras.

Creta era un lugar problemático y los cretenses eran malas personas. No eran sólo los descarriados; los cristianos ni siquiera podían ser coherentes. Permíteme usar mi imaginación y parafrasear la carta que Tito le habría mandado a Pablo.

«Sinceramente respeto y admiro tu sabiduría, pero me siento miserable. ¿Podrías hacer el favor de sacarme de este lugar? Estoy rodeado de gente despreciable y yo soy joven. Esto es demasiado pesado para mí. Por favor, llévame de vuelta a Jerusalén. Permíteme ser un pastor asociado en algún lugar donde no tenga que soportar esta tensión.»

Pablo le contestó: «Tito, por esta causa te dejé en Creta.» Voy a parafrasear de nuevo. Pablo le dijo:

«Sí; ya sé que es un lugar horrible. Sé que hay gente mala. Tienes razón en todo lo que dices, Tito. En Creta hay una tremenda necesidad. Todas las razones que tienes para querer irte son aquellas por las cuales te he mandado, para que te ocupes de ellas.»

¿Estás en Creta, el lugar difícil, el lugar de los problemas, el lugar donde parece que nada anda bien a pesar de lo mucho que testifiques y des buen ejemplo? Somos diferentes en muchos aspectos, pero sé una cosa: todas hemos estado en Creta, estamos en este mismo momento o estaremos allí.

Me pides que no haga esa confesión sobre ti. No importa si lo confesamos o no. Creta, como el desierto, no es una opción. La única opción es cuánto tiempo vas a estar ahí. Deuteronomio dice que el desierto es para humillarte y probarte, para ver lo que hay en tu corazón. Dios tiene que hacerlo antes de darte la promesa.

Todos somos humanos, y cuando nos encontramos en Creta nuestra primer respuesta es: «¡Quiero salir! Señor, si me amas, ¿por qué permites que me pase esto? Sé que el diablo lo hizo, pero tú lo podías haber evitado.» Empezamos a quejarnos y a decir que «no es justo».

Quejas en el valle

Me imagino lo que pensó Tito cuando recibió la respuesta de Pablo. He oído decir a la gente: «Soy demasiado talentoso para que me dejen acá. Soy demasiado valioso para que me pongan en el último rincón del desierto. Es un desperdicio. Cathy, tú no sabes lo difícil que es. Por lo menos, tu marido es cristiano; tú no sabes lo que es estar casada con un incorverso. Estoy sola y todo lo que tengo son mis pastillas antidepresivas para poder seguir adelante.»

He oído cosas así. Hay una mujer que me llama continuamente para contarme la misma historia: «Nadie sabe lo difícil que es esto.» Me cuenta su dolor; el peor que haya pasado. Le recuerdo que el día anterior me dijo lo mismo, pero me asegura que hoy es peor.

Sé todo acerca de tribulaciones y desiertos. Hay dos cosas que aprendí en ellos. Primero, todo el mundo tiene tribulaciones, y segundo, son temporales. El valle y el desierto no son lugares donde vayas a estar permanentemente.

En los viejos tiempos pentecostales, creíamos que el valle era la vida común del cristiano. Cantábamos canciones tales como: «Padre, aunque ahora no lo entendemos, algún día lo sabremos». O mi favorita: «Alégrate, mi hermano; aquí no eres más que una pobre lombriz, pero cuando lleguemos al Cielo, ¡que regocijo tendremos!» (al menos, a mí me sonaba así).

Lo único que nos alegraba era cuando cantábamos: «¡Me iré lejos!» (¡Oh, gloria!) Recuerdo a una querida hermana quien se hubiera levantado y echado a correr alrededor de la iglesia. Era la única en la reunión a mitad de semana que nos pedía que orásemos para que pudiera resistir hasta el fin.

El valle de sombra de muerte no es el lugar en el que se supone que debamos vivir. La Palabra dice: «Aunque ande en valle de sombra de muerte» (Salmo 23.4). Si te quedas sentada quejándote y lamentándote, seguirás allí hasta dentro de un año.

¿Dices que tu relacionamiento, tu trabajo, tu matrimonio, tu iglesia o lo que sea, es demasiado difícil? La felicidad no es algo que encuentres de repente. Es algo que decides que vas a tener ahora, allí donde te encuentras, aunque estés en tu Creta.

Seguramente que no siempre vas a tener una genuina felicidad, pero siempre puedes tener gozo. Puedes crear gozo ahora mismo. El gozo del Señor debe ser, verdaderamente, tu fortaleza. Dios quiere ayudarte en tu Creta si lo buscas diariamente.

Las «sobras» pueden venir de parte de Dios

Escuché decir a un pastor muy conocido, que él oraba en el Espíritu una hora al día, después de su tiempo regular de oración. Pensé que estaría muy ungida si oraba en lenguas una hora sin parar todos los días.

85

Ahora bien, cuando no estás acostumbrada a hacer algo, es como un ejercicio. Por ejemplo: tengo el video de Richard Simmons para ejercicios físicos. La primera vez que hice los ejercicios siguiendo el video, supe que Dios, realmente, no quería que hiciera aquello porque no podía seguir después de cinco minutos de programa. Pero perseveré, y me gradué de los dos siguientes videos. Puedo hacer ejercicios con los mejores de ellos.

Así es cuando te retiras a solas para orar. Empecé con lo que me pareció una eternidad: diez minutos. Fui incrementando mi tiempo de oración hasta llegar a una hora. Ahora disfruto mi tiempo a solas con el Señor.

Volvamos a Creta. Lo peor de allí es la desilusión. Comparémoslo con un matrimonio que lleva seis meses de casados; no tiene nada que ver con lo que se imaginaron que sería. O pregúntale a un joven en medio de su entrenamiento militar. «Creí que me iban a dar un lindo uniforme, buena comida y un cheque de pago. No me imaginé que fuera así.»

Eso es la desilusión. Puede que tú hayas creído y confesado la palabra del Señor. Al no cumplirse de la manera en que tú pensabas, te encontraste en medio de Creta.

Creta puede ser una oportunidad para ti, así como lo fue para Tito. Muchas veces le prestamos tanta atención a las dificultades que no vemos lo bueno que resulta de ellas. Si te mantienes firme, verás la gloria de Dios visitándote cuando la necesites. Eso es lo que Él ha prometido, y lo hará porque Él no puede mentir. Cumplirá su promesa contigo.

En el mismo lugar del cual Tito quería escapar, Dios lo estableció. «Por esta causa te dejé en Creta.» ¿Para qué? Para ordenar lo que quedaba.

Estando en América Central, una noche que no podía dormir. Acostada en el suelo con mi pequeña linterna de baterías, me puse a leer la Palabra. El Señor hizo muy real esta frase, «para que pusieras en orden lo que queda» —en otras palabras, las sobras.

¿Sabes lo que son las «sobras»? La mayoría se imaginaría lo siguiente: en el día de Navidad, después de haberte pasado tres días horneando pasteles, cocinando comidas y todo lo demás, pones la mesa y luce preciosa. Viene toda la familia como una bandada de langostas y se come todo en treinta minutos. De pronto, cuando terminaron, les duele la cabeza, tienen que ir al baño (mi mamá dice que esa era mi excusa preferida), o tienen una cita impostergable.

Después de tres días de duro trabajo y treinta minutos de comida, ahí te encuentras tú, mirando el esqueleto del pavo y toda la vajilla y el menaje sucios. Esas son las sobras. Lo que queda cuando lo mejor pasó.

Pablo dice: «Por esta causa te dejé en Creta». ¿Para qué? Para que te fortalezcas, te edifiques y te afirmes con lo que queda, el desorden, las sobras, las vidas quebrantadas, las heridas, las sacudidas, los adolescentes rebeldes y las drogas; todos aquellos que tocaron fondo.

Jesús es muy diferente al ser humano. Él no toma sólo los mejores. De la misma forma toma a aquellos considerados como los perdidos.

Cómo salir

Tal vez te has dado cuenta que estás en Creta y ahora te preguntas: «¿Cómo salgo de aquí?» Lo primero que tienes que hacer es dejar de imaginarte cómo llegaste ahí; en otras palabras, no visites el pasado. El enemigo tratará de decirte que es tu culpa, que estás ahí por lo que ha sucedido en el pasado.

No empieces a buscar el primer bote que salga de la isla; puede que te pierdas la «fiesta hawaiana» y la lección más importante de tu vida. El Señor me ha enseñado muchas cosas en Creta, probablemente más que en cualquier otro momento de mi vida.

Otra cosa importante para tener en cuenta es confiar en la Palabra de Dios y no en tus sentimientos. El Señor ha dado el programa detallado para la vida en la Biblia. Las respuestas que buscamos están en sus páginas. No podemos confiar en nuestros sentimientos.

Finalmente, debemos dejar que el Señor nos saque el «no». El «no» es lo que te hace levantar los hombros y decir: «Señor, no quiero hacer lo que me pides.» Deja que el Espíritu del Señor te lleve al lugar que puedas decir: «Señor, esto es lo que deseo con todo mi corazón. Me diste la promesa. Que no se haga mi voluntad, sino la tuya.»

Ya sea que Dios esté trabajando contigo en la sujeción a un jefe exigente, en un matrimonio del que deseas salir corriendo, o si quieres renunciar a tu trabajo, sujétate a Él en tu Creta.

Todas tenemos nuestra Creta personal, y es real. ¿Cómo hacer para que Creta no se convierta en tu enemiga? Creo que después de haber intentado todo y ver que la situación no cambia, puede que sea Dios. Después de haber atado, echado fuera, orado y ayunado y todavía no hay cambios, tengo que creer que estoy exactamente donde Dios quiere que esté.

Si estás buscando escapar de Creta, ¿sabes lo que Dios te está diciendo? No huyas; quédate, ora en tu Creta. Edifica las vidas de los quebrantados y heridos. Él te está diciendo que te quedes ahí, que aguantes. Quiere hacer algo en ese lugar difícil.

8

Ganas o pierdes de acuerdo a lo que elijas

—Hay unas brujas en el auditorio que están esperando que empiece el servicio —fueron las palabras que pronunció el pastor de Costa Rica en su oficina antes de empezar el culto.

«¿Y cómo puede estar tan tranquilo?», pensé. Con los ojos de mi mente, todo lo que podía visualizar eran unas brujas sentadas al fondo de la iglesia, pinchando muñecas de Cathy y diciendo: «¡Los ojos! ¡Los ojos!» Lo que yo no sabía era que esta congregación estaba acostumbrada a tener brujas en el servicio.

La razón me hacía correr para otro lado, pero la fe me hacía decir: «Vé y minístrale a esta gente que está hambrienta por la Palabra de Dios». Con esa lucha en mi interior, traté de bloquear a las brujas en mi mente y comencé a darle a aquella gente lo que Dios me había puesto en el corazón.

Tuvimos un servicio glorioso y muchos se salvaron, sanaron y fueron liberados. Pero aún así, me di cuenta que algo inusual pasaba cuando comencé a ministrar personalmente al final. Muchos cristianos que estaban en el servicio formaron una sola línea delante de la plataforma y oraban tomados de la mano.

Después del servicio, le pregunté al pastor dónde estaban las brujas.

—Se fueron cuando vieron una línea de fuego delante de la plataforma —me dijo.

Cuando hemos caminado con Jesús algún tiempo, las batallas no se acaban; crecen. Lo he dicho con anterioridad. «Los niveles superiores traen nuevos demonios.» Si estás esperando que llegue el momento en que no tengas ningún ataque, olvídalo. Ese momento jamás llegará.

Eres lo que piensas

A cualquier lugar que vayas, llevas el reino de Dios. Para los cristianos recién nacidos y llenos del Espíritu hay una sola cosa que puede obstaculizar el hacer la perfecta voluntad de Dios y está justamente sobre nuestros hombros.

«Porque cual es su pensamiento en su corazón, tal es él» (Proverbios 23.7) Tu condición actual es resultado de lo que hiciste ayer, el mes pasado o el año pasado. No es resultado de la mamá de la mamá de tu mamá, que perseguía perros. Ahora, tú estás acá y necesitas sanidad interior.

Cuando estaba esperando en Dios que me bendijera con un bebé, alguien me regaló una cuna llena de hermosa ropita. No te puedes imaginar la cantidad de cosas de bebé que llegué a acumular a lo largo de los años. ¡Tenía de todo! Faltaba el bebé.

Tenía que escoger.

—Señor —dije—. Parece que siempre es «después»; nunca «ahora».

¿Alguna vez te sentiste así? «¡Sí, sí! ¡Dios me va a dar un nuevo automóvil!» Él va a derramar su gloria ...después; no ahora.

La Palabra de Dios dice ya, ya, ya. Cuando entré a la sala de mi casa y vi esa cuna llena de ropa y artículos de bebé, tenía ganas de gritar: «¡Sáquenla de acá!» Luego dije: «No; bendito sea Dios. Va a quedar acá hasta que ponga el bebé adentro.»

La victoria es cuestión de un cambio de mentalidad acerca de lo que elegimos creer.

> «Así que, hermanos, os ruego por las misericordias de Dios, que presentéis vuestros cuerpos en sacrificio vivo, santo, agradable a Dios, que es vuestro culto racional. No os conforméis a este siglo, sino transformaos por medio de la renovación de vuestro entendimiento, para que comprobéis cuál sea la buena voluntad de Dios, agradable y perfecta.»
>
> —ROMANOS 12.1-2

¿Cómo? Tienes que transformar todo tu cuerpo. Transformas la situación de tu casa. Transformas tus finanzas. Transformas tu trabajo. Transformas todo por medio de la renovación de tu mente, «porque cual es su pensamiento en su corazón, tal es él» (Proverbios 23.7). Transformas todo en tu vida, guardando tu mente y renovándola. Entonces podrás probar y aprobar la voluntad de Dios, su perfecta y buena voluntad.

¿Moldeada o mohosa?

Muchos cristianos están conformados a este mundo. Conformarse significa moldearse. Estamos moldeados a las formas del mundo, pero Dios está rompiendo los moldes. El Señor dice que cuando vamos a Él, nos moldea pero no de acuerdo al mundo. Hay muchos cristianos que todavía piensan como si no fueran salvos. Sus vidas se basan en sus sentimientos, experiencias, la economía, su trabajo y los elementos naturales.

Como cristianas tenemos que ser transformadas por la renovación de nuestra mente, y se supone que toda nuestra vida está basada en lo que dice la palabra de Dios. Es difícil apropiarse de esto porque muchas hemos sido entrenadas para depender de nuestros sentimientos.

La gente de la iglesia acostumbraba a decir que la calidad de un servicio podía medirse por la cantidad de ganchos para el pelo que quedaban en la cabeza o en el suelo de la hermana tal o cual. Pero a pesar de los saltos y los gritos, no había cambio alguno en la vida de la gente. Gritaban el domingo pero se deprimían el lunes.

Dios no está buscando los gritos. Él quiere transformar tu mente. Si tu vida está basada en la alegría de las circunstancias, todo lo que tiene que hacer el diablo es servirte un poco de malas circunstancias. Si tu marido te levanta la voz, si los chicos sacan malas notas, si tu jefe te irrita, si te quedas atascada en el tránsito o se te arruina una llanta, es más que suficiente para que te arruine el día. Te deprimes.

Un día en el que pensaba que me encontraba en la cima, recibimos un llamado telefónico de un hombre que censuraba con dureza nuestro ministerio. Dejé que sus comentarios se filtraran en mi espíritu, y lo mastiqué todo el día. Pensé lo que tendría que haberle contestado. ¿Por qué no pensé en eso cuando lo tenía en el teléfono, y no después de haber colgado?

Nos irritamos y comenzamos a golpear las puertas, a cerrar los aparadores de la cocina con fuerza y a gritarle a los chicos. En vez de escuchar lo que la Palabra de Dios nos dice, dejamos que la situación nos de vueltas en la cabeza. Le damos el poder para que nos diga cómo nos vamos a sentir. Lo mismo le pasa a los bebés cristianos como a los maduros. El enemigo está listo para lanzarse contra la palabra de Dios. Por lo tanto, tenemos que renovar nuestra mente continuamente.

Mientras «echaba humo» a causa de esa llamada telefónica, el Señor me dijo: «Cathy, estás haciendo lo mismo de lo que vas a predicar mañana en contra». Tuve que renovar mi mente y rechazar todo lo desagradable que me había producido esa llamada.

Recientemente, después de una reunión en Filadelfia, había llegado al aeropuerto cuando me di cuenta que me había olvidado mi walkman* con los casetes en el cajón de la mesita al lado de la cama, en el hotel. Llamé y la empleada me dio su palabra que no había nada en el cajón de la habitación. Hasta el pastor fue a fijarse y no estaba allí. Pero, por supuesto, ¡nadie se lo había llevado!

Puede que esto no sea un problema para ti, pero, en aquel momento, yo no podía viajar sin mi walkman. Era mi muleta; con eso anulaba el ruido de los aviones. Comencé a aterrorizarme porque iba a escuchar todos los ruidos y el avión no me parecía muy fuerte. Para empeorar las cosas, mientras carreteábamos por la pista, la mujer que estaba detrás de mi exclamó:

—¡Querido Dios, nos estamos moviendo. Sabía que no teníamos que haber volado. Jamás lo lograremos. ¿Qué es ese ruido?

Su marido no ayudó mucho:

—Espero que alguien haya orado esta mañana —dijo el hombre.

Mi mamá se entretenía tranquilamente jugando con

---

*En algunos países, *personal stereo*.

palabras cruzadas. Durante todo el viaje el Señor me estuvo hablando: «Cambia la mente. No necesitas tu walkman. Todo lo que necesitas es a mí.»

Si nuestros pensamientos contradicen la Palabra de Dios, tenemos que cambiar de manera de pensar.

> «Porque mis pensamientos no son vuestros pensamientos, ni vuestros caminos mis caminos, dice Jehová. Como son más altos los cielos que la tierra, así son mis caminos más altos que vuestros caminos, y mis pensamientos más que vuestros pensamientos.»
> —Isaías 55.8,9

Tengo que cambiar mis pensamientos por los suyos. Tengo que cambiar la manera de sentir. Si encuentro una falla en un vestido que acabo de comprar, vuelvo a la tienda y lo cambio por otro. Les doy el vestido fallado y ellos me dan uno nuevo.

Así es como tienes que renovar tu mente. Tienes que cambiar el problema por los pensamientos de Dios. Como cristianas, debemos decidir desear los pensamientos de Dios.

No hay sustituto para la renovación de la mente

A mi madre le gustan todos esos aparatos para ejercicios que anuncian por televisión. En uno de los hoteles en los que nos quedamos había una hermoso gimnasio. Decidimos aprovecharlo. Yo me subí a la bicicleta y mi mamá a la máquina de remo.

Le pregunté si alguna vez había hecho algo así.

—No, pero me las arreglaré —me dijo.

El único problema es que ella es italiana y tiene piernas cortas.

Cuando estaba lista para irme, escuché un sollozo apagado.

—¡Cathy! ¡Cathy!

El gimnasio estaba lleno de ejecutivos haciendo ejercicios. Pero no pude dejar de reírme al verla. Estaba sentada y las lágrimas le corrían por sus mejillas.

—Estoy atascada. No puedo salir.

Sus cortas piernas habían quedado atrapadas bajo los remos.

Una vez tuvo un artefacto que se enganchaba a los picaportes de las puertas. Haciendo ejercicios de adelante hacia atrás con los brazos y las piernas, los fabricantes garantizan que en treinta minutos el estómago te queda chato. Eso duró una semana.

Mi marido creyó que esas cosas funcionaban. Compró unas pastillas de toronja (pomelo) que debes tomar a la noche, antes de acostarte, y al levantarte a la mañana siguiente, como por arte de magia, tienes cinco kilos menos. Debía ser cierto, porque el anuncio mostraba a una mujer que había perdido toneladas de peso. No es necesario decir que tenemos media botella de pastillas de toronja en el estante, puesto que el asunto no dio resultado. Hay una sola manera de bajar de peso: dejar de comer y hacer ejercicios.

Compramos libros y casetes que se supone cambien nuestra vida, nos hagan lucir mejor y nos enriquezcan de la noche a la mañana. Nos gustan esas cosas porque son instantáneas. Pero a pesar de tener los estantes abarrotados, no hay ningún cambio porque hay un solo libro que sí da resultado: la Biblia.

La Palabra de Dios es el único libro que ayuda. Estúdiala, introdúcela en tu vida, y te cambiará. Notarás que lo único que no quieres cambiar o renovar en tu mente es lo que impide que obtengas bendición.

¿Oíste hablar del orgullo de la mente?

No hay nada tan difícil de cambiar como el orgullo de la mente. He aconsejado a mucha gente lo que sentía en el Espíritu. La respuesta que recibo con más frecuencia es «Sí, pero...»

Hay gente que escucha el consejo pero siguen pensando: «Puedes decir lo que quieras, pero sé que escuché a Dios y no recibo esto.» Eso es orgullo de mente. Puedes ver a esas personas seis meses después y todavía se encuentran en la misma situación. ¿Por qué? Porque tenemos que humillarnos y escuchar lo que el Espíritu del Señor está diciendo. Sus caminos son más altos que los nuestros.

El apóstol Pablo dice que no le demos lugar al diablo. Otra versión dice que no le dejemos un punto de apoyo. Todo lo que Satanás necesita es poner el pie en un área desprotegida que no esté completamente rendida a Dios.

Mi marido es muy bueno para indicarme estas áreas. En cuanto empiezo a quejarme, no me deja terminar.

—Estás juzgando —me dice.

Quiero decirle que me deje explicarle lo mal que me siento. Quiero tener al oportunidad de exponerle lo miserable de mi situación. Pero tengo que arrepentirme ahí mismo o de lo contrario recibiré el mensaje número 323 acerca de guardar mi corazón.

Cada área de nuestra vida tiene que estar rendida a los pensamientos de Dios. No es suficiente con rendirse externamente; debemos hacerlo internamente. Tenemos que circuncidar nuestro duro corazón.

Tú y tu marido se meten en una acalorada discusión y él dice algo que a ti no te gusta.

—Sólo te estoy diciendo esto —le dices.

Él te contesta, tú le contestas:

—Solamente voy a hacer una última declaración.

El Espíritu Santo te está diciendo:

—¡Cállate! ¡Cállate! ¡Cállate!

—En un minuto —le dices. —Tengo algo más para decir.

Hacemos oídos sordos a Dios. Estamos acostumbradas a decir lo que nos place, en lugar de pensar que el Espíritu Santo nos está incitando a callarnos y dejarlo intervenir en la situación.

Trabajamos mucho para no confesar lo negativo, pero sabemos que de la abundancia de nuestro corazón habla la boca. Si está en tu corazón, va a salir por tu boca. Si cambias tu mente y tu corazón, entonces saldrán de tu boca las palabras apropiadas.

¿Por qué nuestras palabras tienen tal efecto? Porque hemos sido creadas a imagen de Aquel cuyas palabras crearon el universo.

«Entonces dijo Dios: Hagamos al hombre a nuestra imagen, conforme a nuestra semejanza; y señoree en los peces del mar, en las aves de los cielos, en las bestias, en toda la tierra, y en todo animal que se arrastra sobre la tierra.»
—GÉNESIS 1.26

Existen muchos espíritus eternos. Hay ángeles y hay demonios. La Biblia no dice que hayan sido creados a imagen y semejanza de Dios. Tú has sido creada a imagen de Dios. Los ángeles hacen la voluntad del Padre, pero nosotros somos soberanos sobre nuestras vidas.

Tú tomas la decisión

«¡El diablo me hizo hacer esto!» es una expresión que no debiéramos pronunciar nunca, aunque sea verdad y estemos necesitando una ministración de liberación en nuestras vidas.

Si necesitas liberación, consíguela. No me interesa si el demonio está en ti, alrededor tuyo o si lo toses, lo escupes o lo sacas a los gritos. No interesa dónde está. Eres soberano de tu propia vida. Y eso quiere decir que eres independiente de todo lo demás.

Voy a decir algo radical. Dios no está en control de tu vida.

> «A los cielos y a la tierra llamo por testigos hoy contra vosotros, que os he puesto delante la vida y la muerte, la bendición y la maldición; escoge, pues, la vida, para que vivas tú y tu descendencia.»
> —DEUTERONOMIO 30.19

No estás tomando decisiones para ti misma. Estás tomándolas para tus hijos. No es Dios quien decide si somos bendecidos o maldecidos. Somos nosotros.

Nuestra voluntad es tan poderosa que si eliges pasar la eternidad en el infierno, puedes hacerlo. Dios no detendrá tu elección de ir allí cuando mueras.

Jesús dijo: «Y esta es la condenación: que la luz vino al mundo, y los hombres amaron más las tinieblas que la luz, porque sus obras eran malas» (Juan 3.19).

Muchos cristianos oran: «Señor, sea lo que sea, que sea tu voluntad.» No creo que Dios le preste atención a ese tipo de oración. En la iglesia nos enseñaron a orar: «No mi voluntad, sino la tuya.» He dicho muchas veces: «Señor, decido ir. Si tú no quieres, tienes cómo detenerme.»

Dios detiene, el diablo obstaculiza

La única vez que hacemos una oración de dedicación y consagración es cuando nos entregamos al Señor, ya sea para el ministerio o la familia. Jesús entregó su ministerio y su vida a Dios. Cuando estaba en la barca, sufriendo por su primo Juan el bautista —quien había sido decapitado— no dijo: «Oh, Padre, si es tu voluntad que vaya, iré». Vio la necesidad y fue a la orilla, y comenzó a sanar a la gente y a ministrar a sus necesidades.

La elección está en tu corazón y en tu boca. Tú eliges: la vida o la muerte; la bendición o la maldición.

«Desearía no haberme casado contigo. Quisiera que estuvieras muerto. Desearía estar muerta.»

¿Alguna vez has pensado esas palabras? Esta es la clase de cosas que se dicen los esposos en el fragor de la discusión. Pero esas palabras —aunque no sean deseos reales— siembran la semilla de futuras dudas y desentendimientos matrimoniales. Tienen mayor impacto destructivo del que la gente se imagina.

Es muy importante que seamos cuidadosas con las palabras que permitimos salir de nuestra boca. La Escritura dice: «Sean gratos los dichos de mi boca ... delante de ti, oh Jehová» (Salmo 19.14).

Recientemente amonesté a una querida amiga porque profetizó su propia muerte.

—Sería mejor si estuviese muerta —dijo.

Le dije que no dejara que esas palabras destructivas salieran de su boca.

Muchas veces, cuando estamos pasando por serias dificultades, el enemigo usa nuestras emociones para hacer su movida. Las palabras que tú digas determinarán si vas a triunfar o no.

Después de cualquier gran triunfo, el enemigo vendrá a probarte y a robarte la victoria. He encontrado que generalmente soy atacada por el diablo tres días antes de ministrar. Estaba organizando un viaje a Carolina del Norte y, justo antes de salir, tuvimos un problema con las cañerías de nuestra casa. El seguro no cubría ese tipo de problema y nos costaría $1.200 arreglarlo. En eso, mi hija comenzó a vomitar. Me pasé despierta la noche anterior al viaje pensando en la cuenta del técnico, la limpieza posterior y la culpa por dejar a mi hija enferma. Satanás usó despiadadamente las inesperadas circunstancias para que sintiera miedo.

Una de las formas en que el enemigo trata de distraernos u obstaculizarnos, es originando una discusión en el momento de salir para la iglesia. Nunca falla. Puede que tu marido tenga diez camisas limpias y planchadas, pero quiere ponerse la que está en el cesto de la ropa sucia. Acabas de vestir a los chicos y al ratito miras asombrada las manchas de leche chocolatada en su ropa. Se te corre una media. Y cuando ya están listos para salir, el bebé vomita encima de tu vestido nuevo.

Al final te rindes y dices:

—No voy a la iglesia. Me quedo en casa y veo al pastor por televisión.

Eso es lo que el diablo quiere. Consiguió lo que quería cuando escogiste no pasar tiempo con el Señor.

—Bueno, estoy esperando en el Señor —oímos decir con frecuencia a la gente.

Yo sé lo que Dios quiere que haga. Me llamó a liberar a la gente. No tengo que orar, clamar ni pedirle a Dios si quiere que ministre. Nuestra oración debiera ser: «Señor, fluye a través de mí. Que tu unción esté en mí.»

De la misma manera, no tenemos que preguntarle a Dios si quiere que le demos. Nuestra oración debiera ser: «Señor, ¿cuánto?»

Te darás cuenta de que lo que logres en la vida es cuestión de elección. Ganas o pierdes con las elecciones que haces.

Cuando cambias tu mente y decides: «Señor, voy a creer a pesar que en mi interior todo mi ser clama: "No puedo, no va a funcionar, no va a suceder".» Él hará lo imposible. ¡Dios completa lo que falta!

> «Deléitate asimismo en Jehová, y él te concederá las peticiones de tu corazón.
> »Encomienda a Jehová tu camino, y confía en él; y él hará. Exhibirá tu justicia como la luz, y tu derecho como el mediodía.»
> —SALMO 37.4-6

Ármate antes de la batalla

En una ocasión, mi padre Clive, mi madre y yo nos estábamos preparando para ir de Honduras a Costa Rica. Se me fue el alma al piso cuando abordamos el avión que parecía haber sido construido por Wilbur Wright*. Casi me desmayo al ver al piloto dirigirse a la cabina con una bulliciosa gallina viva metida en una bolsa tejida. Me la imaginé con las antiparras puestas, como copiloto en la cabina de mando. Mi única esperanza era que cacareara en español.

Volando sobre Nicaragua, nos encontramos con una fuerte tormenta, con truenos y relámpagos, que sacudió el avión violentamente. Cuanto más se movía la nave, más alto oraba y más rápido hacía mi madre sus palabras cruzadas. Miré a Papá. ¡Estaba durmiendo profundamente!

Me molesté con él porque se había dormido, dejándome sola para orar para que el avión no se viniera abajo.

—Cathy —me dijo cuando lo confronté—; ya oré esta mañana y el Señor me aseguró que el Dios que nos mandó acá, nos guardaría.

---

*Inventor estadounidense de fines del siglo pasado y comienzos del presente.

La valiosa lección que aprendí es que el momento de preparar tu mente para la batalla es antes que empiece la guerra.

Recibe tu nuevo comienzo

Tal vez sepas lo que significa la opresión de la mente. Tienes cadenas; estás esclavizada. Has estado caminando en la tormenta. El enemigo te ha puesto pensamientos contrarios a la Palabra de Dios y has tenido una gran batalla.

No puedes dormir de noche porque el temor se ha implantado en tu mente y ha intentado dividir tu corazón. Te has sentido confundida y preocupada.

«Por tanto, os digo que todo lo que pidiereis orando, creed que lo recibiréis, y os vendrá.»
—Marcos 11.24

Si tú lo dejas, el Señor te dará un nuevo comienzo ahora mismo. Él romperá las ataduras para que camines con libertad. Podrás decir: «...pero yo y mi casa serviremos a Jehová» (Josué 24.15).

9

Si no vences el temor, este te vencerá a ti

Mientras hablaba en una serie de conferencias en Filadelfia, el Espíritu Santo me urgió a llamar al frente a aquellos que estaban atados por un espíritu de temor e intimidación. Al bajar de la plataforma para orar por quienes se habían acercado, fui atraída hacia una pareja que estaba al fondo; quienes estaban llorando y adorando al Señor. Los llamé a pasar al frente mientras el Señor hablaba a mi corazón. «Diles que no teman; que esta noche van a tener respuesta. Antes de llegar a su casa les llegará una oferta de trabajo mejor pago. Será una recompensa del Padre.»

Por fe les profeticé estas palabras. Después de la reunión fui a comer con ellos. Escuché mientras me contaban por todo lo que estaban pasando. El marido había estado trabajando en condiciones terribles y había dejado el trabajo. Y para empeorar las cosas, la esposa estaba embarazada y esperaba a dar a luz en cualquier momento. Tenían mucho miedo de no poder proveer para el bebé ni poder cumplir con las demás obligaciones. Oramos antes de irnos y estuvieron de acuerdo en que iban a confiar en la palabra que había venido de Dios.

La esposa me llamó al día siguiente, sumamente emocionada. Me contó que cuando llegaron a su casa la noche anterior escucharon los mensajes de la máquina contestadora y se encontraron con uno de una compañía que le ofrecía trabajo al marido, ¡con mejor sueldo! ¡Alabado sea Dios por la precisión de su palabra!

El propósito de la profecía es dar esperanza y aliento a la persona, y revelarle la mente, el corazón y la voluntad de Dios para que, por la fe, la promesa se haga realidad. Una de las mayores armas que Satanás usará en tu contra para tenerte alejada de la promesa, es el miedo.

A través del estudio de la Palabra, así como por mi experiencia personal, he descubierto que el miedo paraliza. Puedes vencer o ser vencida por él.

El miedo es un espíritu. «Porque no nos ha dado Dios espíritu de cobardía, sino de poder, de amor y de dominio propio» (2 Timoteo 1.7). Es un mentiroso y un espíritu sin cuerpo. Si te pones de acuerdo con el miedo, él hará residencia en ti. Si le das cabida al miedo, será tu amo y tú tomarás decisiones basadas en tu miedo.

¿Cómo se presenta el miedo? ¿Se corporiza en las imágenes de terror que se ven en las películas? ¿El miedo es como lo que se ve en las celebraciones del día de las brujas? Ciertamente, el temor está detrás de todas estas cosas, ya que su objetivo es asustarnos, pero el miedo es mucho más que eso.

Tres semanas desagradables

Me crié en un hogar cristiano. Mis padres son ministros de las Asambleas de Dios. Fueron pastores muchos años y ahora están involucrados en evangelismo misionero. A pesar de mi crianza, con frecuencia me asaltaba un espíritu de temor, y le clamaba al Señor para que me liberara.

Mi libertad venía en tiempos y lugares inverosímiles. Por primera vez había sido invitada a ministrar sola, sin mi marido. Estaba muy emocionada. Después de preparar todo en mi valija nueva, me dirigí a Filipinas con una amiga que nunca había salido de Florida.

Viajamos tres días sin cambiarnos de ropa, y llegamos a uno de los lugares más calientes de la tierra. Tres días con la misma ropa interior es suficiente como para que cualquiera se sienta irritable.

Finalmente llegamos a la casa del pastor que me había hecho la invitación. Me di cuenta que tendría un problema al ver que mi equipaje ocupaba más espacio de lo que cabía en su sala. Deseando darme una ducha para mejorar mi disposición, comenté que tenía calor y que necesitaba tomar un baño. Me llevó a otra habitación.

—En este barril te lavas, y con este otro te enjuagas —y me dio una jarra.

Luego saqué mis ruleros eléctricos* y le pregunté a la esposa del pastor dónde los podía enchufar.

—¡Ah! ¡Un secador!

Enseguida me di cuenta que iban a ser tres semanas desagradables.

El pastor y su esposa nos dieron su dormitorio, y uso ese término con generosidad. Me senté en la cama

---

*Implementos cilíndricos para rizar el cabello femenino. También conocidos como «tubos para el cabello».

—también ese término es generoso— en ropa interior y le dije al Señor:

—Señor, no lo soporto. Esto no se parece en nada a lo que me imaginaba.

Pude escuchar al Espíritu riéndose en mi oído.

—¿Y crees que te traje acá para que cambiaras a alguien? —lo escuché decirme.

Luego el Señor me dio el siguiente pasaje: «...quitaré de en medio de ti a los que se alegren en tu soberbia, y nunca más te ensoberbecerás en mi santo monte. Y dejaré en medio de ti un pueblo humilde y pobre, el cual confiará en el nombre de Jehová. El remanente de Israel no hará injusticia ni dirá mentira, ni en boca de ellos se hallará lengua engañosa; porque ellos serán apacentados, y dormirán, y no habrá quién los atemorice» (Sofonías 3.11-13).

Durante esas tres semanas el Señor trabajó conmigo en relación a mi imagen y cuán poco importante era para Él. Ministré a esos preciosos filipinos en medio de ellos, incluyendo al pastor y a su esposa, dando testimonio de humildad y pureza en su servicio y adoración al Señor. Aun en condiciones paupérrimas y con falta de bienes materiales, su devoción me abochornó. Cuando llegué a casa me di cuenta que el Señor había trabajado con una raíz de orgullo en mí. En los días subsiguientes, tomé conciencia que ciertas situaciones, ante las cuales reaccionaba con tremendo temor, ahora no me asustaban. ¡Era libre! Cuando se acaba el orgullo, el temor se va.

Gobernado por el miedo

En mis viajes he podido observar a cristianos nacidos de nuevo, llenos del Espíritu, quienes todavía están gobernados por el temor. Tienen miedo de una caída económica, de perder el trabajo, de un ataque al corazón o de contraer cáncer. Son cristianos que viven controlados por preguntas tales como: «¿Y si...? ¿Qué haré?» O, «¿Y si Dios no..., ¿qué hago, entonces?»

Nunca olvides que «y ellos le han vencido por medio de la sangre del Cordero y de la palabra del testimonio de ellos; y menospreciaron sus vidas hasta la muerte» (Apocalipsis 12.11). La palabra clave es vencer. Jesús, ya te ha hecho una vencedora por medio de su muerte y resurrección.

Yo misma he luchado contra el miedo durante muchos años, clamándole al Señor para que me liberase. El espíritu de temor me dominaba en varias áreas de mi vida. Era insegura, tenía miedo de volar en avión, sufría de claustrofobia y temía a la muerte. Era engañada y servía al temor porque había dejado que él gobernara mi vida. En aquel entonces no conocía los principios que voy a compartir contigo. A continuación, expongo una lista de algunos de los problemas con los que lidiamos los cristianos y que pueden originarse en el espíritu de temor.

1. Pesadillas e insomnio

«¡Cómo han sido asolados de repente! Perecieron, se consumieron de terrores. Como sueño del que despierta, así, Señor, cuando despertares, menospreciarás su apariencia.»

—SALMO 73.19-20

2. Incapacidad para aceptar el perfecto amor del Padre (ver 1 Juan 4.18).

Conozco muchos preciosos creyentes quienes siempre sienten que Dios está enojado con ellos, que de algún modo han cruzado el límite que ha enojado al Señor demasiadas veces. Si no fuera por Jesús, ¡el Padre los mataría! Recuerda que «de tal manera amó Dios al mundo, que ha dado...» (Juan 3.16). Nuestro Padre sabía quiénes éramos y dónde estábamos cuando nos llamó, nos salvó y nos escogió. Descansa en el hecho de que nos ama con tan grande amor, que dio a su Hijo unigénito para nuestra redención. ¡No se dará por vencido con nosotros tan fácilmente!

3. Temor al hombre (ver Proverbios 29.25)

¿Eres de las que no obedece al Espíritu Santo cuando te guía a testificar o profetizar porque tienes miedo de lo que diga la gente? Hay santos que nunca completan el llamado de Dios por el miedo al rechazo de los demás.

4. Timidez y vergüenza

Algunas consideran que la timidez es una cualidad apreciable. Pero pregúntale a alguien que sea tímido y que se haya tenido que parar delante de una audiencia con las rodillas temblando, el corazón palpitando y las manos transpirando, si el dolor que siente es lindo y agradable.

5. Tormento

Creo que el 90% de nuestras batallas tienen lugar en la mente. En una ocasión, una mujer me pidió que orase por ella; al hacerlo, el Señor me mostró una banda de acero alrededor de su cabeza que progresivamente se iba apretando cada vez más. El Espíritu Santo me hizo saber que sufría de miedo. Tomé autoridad sobre el espíritu de miedo y tormento, y le ordené que se fuera. Le di una palabra de profecía: «Las migrañas cesarán. El constante tormento mental que sufres desde que te levantas hasta que te acuestas, ha sido roto.» Volvió para decir que había sido liberada del miedo y del dolor con el que había vivido durante quince años.

6. Perfeccionismo

Marta, la hermana de María, estaba ocupadísima con los detalles de la vida. Poco ha cambiado desde entonces. Todas las mujeres tienen la misma presión para cumplir con las responsabilidades de la familia, el trabajo, la iglesia y el hogar. Es muy raro encontrar una persona que haga todo bien, y mucho menos, perfecto.

En nuestra familia tenemos algunas «reglas de la casa» que nos mantienen contentos, y a la vez nos recuerdan que las prioridades que importan son las eternas. Una de esas regulaciones es: «Nunca te alegres demasiado cuando hayas acabado de lavar la ropa.» ¿Por qué? Porque con cinco hijos —cuatro con menos de dos años— no tardarás mucho en tener otra pila de ropa sucia.

Una segunda regla es: «No te alegres demasiado cuando hayas limpiado todas las superficies de vidrio.» Razón: la misma que la anterior. Tratar de controlar todas las situaciones para tener una casa perfecta, niños perfectos y una vida perfecta, te llevarán a tirarte de los pelos, sin mencionar el hecho de que perderás el gozo y tu habilidad de disfrutar lo que Dios te ha dado. Pregúntate: «A la luz de la eternidad, ¿esto, realmente, importa?»

7. Ansiedad, tensión y estrés

«Allí se sobresaltaron de pavor donde no había miedo, porque Dios ha esparcido los huesos del que puso asedio contra ti; los avergonzaste, porque Dios los desechó.»

—SALMO 53.5

El miedo no es divertido; no tienes más que preguntarle a alguien que haya padecido un ataque de pánico. La Escritura nos dice que no estemos ansiosos por nada. La liberación de la ansiedad es una decisión, un dictamen y un mandato.

El salmista nos advierte a no estar «ansiosos por nada». Todos conocemos gente que tiene miedo cuando no hay nada que temer. Se acuestan de noche pero no duermen, preocupándose por lo que deben hacer al día siguiente. ¡Qué pérdida de tiempo!

La ansiedad, la tensión y el estrés también pueden abrir la puerta a muchas enfermedades y dolencias. Jesús, el Gran Médico, dijo que en los últimos días los hombres iban a desfallecer a causa del temor (ver Lucas 21.26).

8. Excesiva despreocupación

A muchas de nosotras, nuestras madres nos enseñaron a ser cuidadosas. Mi madre me repetía constantemente: «Cuídate de usar ropa interior limpia en caso que tengas un accidente. Cuídate de no pararte en un charco para no contraer poliomielitis (¡hasta traté de usar eso contra ella cuando no me quería bañar!).

Asociamos el ser cuidadosas con el ser responsables. Se nos dice: «Tú sabes, no es cuestión de ser tan cuidadosa; Dios ayuda a quienes se ayudan a sí mismos.»

El único problema con esa advertencia es que es contraria a las Escrituras, la cual nos dice: «Por nada estéis afanosos» (Filipenses 4.6). Pablo hablaba del miedo y la ansiedad. Él decía: «Dejen de vivir gobernados por la ansiedad, el temor y la presión que les da la preocupación.»

La intrepidez es destructiva

¡Te tengo buenas noticias! Dios no nos ha dado espíritu de cobardía sino de poder.

> «Huye el impío sin que nadie lo persiga; mas el justo está confiado como un león.»
> —PROVERBIOS 28.1

Mi esposo Randi, yo y mi secretaria Erin nos detuvimos a cargar gasolina una noche al regresar de un viaje ministerial. En eso llegaron dos automóviles llenos de jóvenes que llevaban esos equipos de sonido más grandes que el automóvil. Con la ensordecedora música de rock a todo volumen, un vehículo se nos puso delante y el otro atrás, quedando atrapados en el medio. Mi marido siguió llenando el tanque mientras los jóvenes comenzaron a provocarlo.

Aunque sacaron cuchillos, bates de béisbol y cadenas, Randi le dijo a la pandilla que no quería problemas.

—¡Te vamos a eliminar! —le gritó uno.

Quiero destacar que en ese momento hubiera querido subirme tranquilamente al auto, arrojar mi cartera por la ventanilla como un sacrificio y subir el vidrio, mientras escapaba.

Pero esa soy yo. Mi esposo, definitivamente, no es así.

Randi se acercó al grupo que lo amenazaba con el dedo índice extendido, diciendo:

—Reprendo ese espíritu de demonio en el nombre de Jesús, y reclamo a cada uno de ustedes para Jesucristo y su reino.

De repente, todos estos muchachos comenzaron a gritar.

—¡Déjenos tranquilos! ¡Déjenos tranquilos! —y salieron corriendo, se subieron a los autos y se fueron. Mi marido se subió al auto y salió detrás de ellos.

—¿Qué estás haciendo? —grité sin poder creerlo.

—Voy a tomar el número de sus licencias de conducir y los voy a denunciar a la policía. ¿Por qué vamos a dejar que este espíritu gobierne sobre nuestra ciudad?

Al oír eso, creo que dije:

—¡Glup! —y me tragué la lengua.

Mi marido estaba haciendo lo contrario a lo que el espíritu de temor le indicaba hacer. Eso es la esencia de la intrepidez.

¿Qué es la valentía? No es ni arrogancia, ni rudeza, ni hacer alarde. La Palabra nos da numerosas descripciones de cristianos osados. A continuación mencionaré algunas.

1. Está ansioso por el porvenir (Tito 2.13).
2. Posee calma (Salmo 107.29).
3. Tiene decisión (Joel 3.14).
4. Estimula (Jueces 20.22).
5. Confía (Isaías 30.15).
6. Está lleno de fe (Romanos 4.20).
7. Se esfuerza (Salmo 31.24).
8. Es aceptado por Dios (Efesios 1.6).
9. Es pacífico (Isaías 32.18).
10. Es tranquilo (Daniel 4.27).
11. Es confiado (Salmo 56.11).
12. Tiene poder y dominio propio (2 Timoteo 1.7).
13. Es compasivo (Judas 22).
14. Disciplinado (1 Corintios 9.25).
15. Es valiente (Filipenses 1.8).

¡Ah, si usáramos todas las provisiones que Jesús nos ha dejado al morir por nosotros! Joel 3:16 dice: «Y Jehová rugirá desde Sión.» Tú y yo somos la Sión espiritual y el Señor desea rugir en nosotras como lo hace un león. «Ruge» o habla claro contra esos temores que te han tenido atada física, emocional o espiritualmente.

Hemos leído que el perfecto amor echa fuera el temor. En mi propia vida, al batallar contra los miedos y todos sus síntomas, me di cuenta que había una cosa que no se había establecido: ¡que Jesús me amaba! A veces creí saber cuán lejos iría mi Padre en su compromiso hacia mí y que el resto era asunto mío. El problema con eso es que era contrario a la Palabra.

Según el grado de intensidad de temor que haya en tu vida, determinará la medida en que sumergirás la cabeza en la Palabra. Al principio, tu mente se resistirá, pero a medida que perseveres en la Palabra de Dios, tu mente hará flamear la bandera de rendición a su Palabra.

¿Estás atada por el espíritu de temor? Haz esta oración conmigo:

«Señor Jesús: te agradezco el precio que pagaste por mi libertad. Perdóname por darle cabida al espíritu de temor.

»Miedo, ya no te serviré. Me paro firme en mi autoridad y sobre la sangre del Cordero y la palabra de Dios, y te ordeno que te vayas.

»Señor, dame tu gracia para andar diariamente en la seguridad de la edificación de tu reino.

»En el nombre de Jesús. Amén.»

10

Rechazada en la línea de montaje de la vida

¿Alguna vez sentiste que Dios te rechazaba y que estaba a millones de kilómetros de distancia porque habías hecho algo que le desagradaba? Creo en las últimas estadísticas que dicen que una cantidad astronómica de cristianos alguna vez se ha sentido de esa forma. Así me sentía por años hasta que el Señor me liberara. Solía pensar que era la única que luchaba con el rechazo, hasta que un día me vino a visitar la «perfecta» esposa del pastor.

Ella tenía todo lo que yo siempre había añorado para mí, pero que no había conseguido: era alta, esbelta, se vestía bien; siempre estaba impecable. Se podía pasar toda la mañana en la guardería infantil y salir luciendo como una modelo, mientras que yo salía echa una piltrafa.

Me daba la impresión que en su casa las comidas eran caseras y se servían a horario, y que los niños cantaban canciones de Julie Andrews en *La novicia rebelde* antes de irse a la cama.

Por eso me costó reconocerla cuando vino a mi casa un martes a la mañana.

Por las lágrimas, el rímel le marcaba las mejillas. Tenía el pelo chato y sin vida, y la nariz le goteaba sobre la camiseta.

Nos sentamos juntas en el sofá y le pregunté si quería hablar. Me contó toda una vida de sufrimiento debido al abuso físico y verbal que había culminado con la traición. Su marido, un experimentado hombre de Dios, había estado teniendo un amorío con una mujer de la iglesia, una amiga de confianza.

—¿Por qué, Cathy? ¿Por qué?

Mi cerebro «escaneó» todas las Escrituras, todas las palabras repetidas. «Ven Espíritu Santo. ¡Vamos, cerebro! Piensa en algo espiritual, en algo que le dé consuelo y esperanza a esta mujer...»

—Vamos, vamos. Dios va a tomar todo esto y va a hacer algo bueno...—le dije mientras le daba otro pañuelito de papel y la palmeaba en el hombro.

¡Oh, no! Sabía que era estúpido, trivial y religioso. De pronto, mientras esta preciosa mujer de Dios se derrumbaba delante de mí, yo estaba muy consciente de mi falta de habilidad para ayudarla.

—¡Rechazo! —dije en voz alta cuando me habló el Espíritu Santo—. Estás padeciendo un profundo sufrimiento a causa del rechazo.

Al orar, ella lloró incontrolablemente y Dios la liberó de manera sobrenatural de la raíz de rechazo. Cuando se fue, se sentía limpia, libre y equipada para trabajar diariamente con lo que Dios le había dado aquella tarde.

Un elemento clave que detiene a los cristianos en el cumplimiento de su destino es la sensación de ser inadecuados. Es un sentimiento de inferioridad que les dice que si dan un paso de fe para hacer algo, serán rechazados.

Las caras del rechazo

Un tipo de rechazo es la hostilidad. Cuando estabas en la escuela, ¿eras la última en ser elegida en un equipo porque nadie te quería? Y para colmo, tu equipo perdía por culpa tuya. Llevamos muchas cicatrices de la niñez con apodos como «cuatrojos», «gordita», «larguirucha», «Dumbo». El rechazo es cualquier cosa que nos hace sentir no queridas, no deseadas o indignas.

Después de venir a Jesús, somos una nueva criatura; no obstante, muchos cristianos se pasan la vida tratando de vivir con las imágenes, palabras, heridas y el dolor infligido durante su crecimiento. Una persona puede encontrar aceptación en el Señor o puede intentar lograr la aceptación por medio de su apariencia, su desenvolvimiento o posesiones.

En mi adolescencia, en mi iglesia se hacían cuatro reuniones seguidas para unas conferencias especiales. Estábamos experimentando un avivamiento. La alabanza y adoración, el predicador y la ministración en el altar, nos dejaban con ganas de volver noche tras noche para recibir más.

Ahora bien, yo me sentía tan espiritual como cualquier otro miembro de la congregación y quería un toque de unción de Jesús como los demás. Pero mis ojos estaban fijos en el joven evangelista, ¡y también quería un toque suyo!

Después de todo, yo tenía dieciocho años y en nuestra iglesia había un auténtico evangelista, vivo, joven, buen mozo y soltero. Y yo podía tocar el piano y cantar, lo que todo el mundo sabe que es un requisito para ser la esposa de un evangelista. Era una señal segura de Dios. Él me había mandado un marido.

Nos enamoramos, o nos gustamos, o como lo quieras llamar y fijamos la fecha de boda. Solamente una cosa parecía no estar bien. Cuanto más nos acercábamos a la fecha de la boda, menos sabía de él. Sabiendo y temiendo lo que estaba pasando, hice lo que la mayoría de la gente que padece de rechazo hace: ignoré el asunto.

La invitación llegó un mes antes de la fecha de nuestra boda. Era la invitación para celebrar su casamiento con una joven que había conocido en otra iglesia. Evidentemente, ella tocaba el piano y cantaba mejor que yo.

¡Fue eso! Levanté una pared e hice un voto (poco espiritual) diciendo que nunca permitiría que alguien me lastimara de esa forma nuevamente. Eso sí, cada vez que escuchaba los acordes de «nuestra canción» o veía de reojo la caja con el velo en el estante del armario, me dolía.

El rechazo puede destruir tu autoestima

El rechazo es parte de la vida; Jesús fue rechazado y despreciado. No fue comprendido, lo traicionaron, mintieron sobre él y finalmente lo mataron. Es sorprendente cuántos creyentes han sido profundamente lastimados por sus hermanos cristianos.

El salmista David dijo: «Aun el hombre de mi paz, en quien yo confiaba, el que de mi pan comía, alzó contra mí el calcañar» (Salmo 41.9).

Aquellos que han sido rechazados son propensos a rechazar a su vez, de alguna forma, a quienes aman y son muy queridos para ellos. Satanás usa la atadura emocional del rechazo para tratar, constantemente, de debilitarnos. Él condiciona las cosas para que seamos rechazados vez tras vez, y gana fortalezas desde donde puede dañar a otras personas. Él nos usa.

Cuando estás bajo un espíritu de rechazo, haces cosas que provocan el rechazo de la gente. Las personas bajo la influencia de este espíritu, generalmente, escogen el momento en que los van a herir.

—Está bien, compañero, te saco de mi lista. No tengo más nada que hablar ni hacer contigo.

Eso se repite en cada nueva situación, hasta que la persona se convierte en una gran isla solitaria. El espíritu de rechazo lo ha aislado. Quienes lo rodean pueden sentir fácilmente su ofensa y autocompasión.

En Lucas 3.9 encontramos que casi todos nuestros problemas en la vida pueden rastrearse hasta la raíz de rechazo de la que nunca nos hemos ocupado. Dejemos de fijarnos en las hojas y las ramas, y vayamos directamente a la raíz. El árbol, que incluye miedo, dolor, deseos, ofensas, heridas y enfermedades, morirá de causas naturales.

Libre de las heridas

En Lucas 4.18 vemos que Jesús es cuidadoso con aquellas personas que sufren de rechazo, cuando dice que vino a liberar a los cautivos.

Durante su ministerio terrenal, Jesús sabía que las sanidades estaban dentro de la apertura de puertas de cárceles y la liberación de los cautivos. Hoy, cuando Jesús viene con el poder del reino de Dios, lo hace para tirar abajo las fortalezas de Satanás y liberar a los que están cautivos.

Una persona que ha sido rechazada terminará rechazándose a sí misma, y hará que quienes la rodean la rechacen también. «¡Si tan sólo pudiese ser más espiritual...!» «Si pudiera ayunar más, testificar mejor...» y así sigue, con infinidad de los «si...».

A menos que te liberes del espíritu de rechazo, jamás podrás relacionarte con tu Padre celestial. Creerás la mentira del enemigo de que jamás podrás complacer al Señor y nunca podrás hacer nada bien o lo suficientemente bueno para Él.

Todos necesitamos ser amados. Queremos ser aceptados como somos, con lo bueno, lo malo y lo feo, ¡con verrugas y todo!

Cuando hemos sido rechazadas, reaccionamos de una u otra manera. A los ojos de Dios, existe una sola respuesta aceptable al rechazo y se encuentra en Marcos 11.25. La respuesta es el perdón.

Aunque la transgresión contra nosotros haya sido severa, recurrente o totalmente injustificada, el perdón es la única respuesta que Dios acepta. Si este no se otorga o se pospone (necesito tiempo para trabajar en esto por mí misma), abre una puerta de entrada al enemigo. Él aprovechará cualquier reacción pecaminosa hacia las heridas del rechazo.

Los males del rechazo

Las reacciones equivocadas al rechazo abren puertas a la actividad demoníaca. Si identificamos las reacciones erróneas, podremos cerrar las puertas y mantenerlas cerradas.

Una reacción equivocada también hará que lastimemos a otros en confrontaciones de enojo, amargura y rebelión. Provocará la autocompasión, la inseguridad, el temor y el desaliento. Los niños son especialmente vulnerables a las heridas del rechazo, por lo que los padres tienen que cuidarse en su manera de actuar y en su manera de hablar, con amor, oración y disciplina.

Miremos un poco las reacciones que puede producir el rechazo.

1. Rebelión

Si se manifiesta, se va desarrollando en aversión a la autoridad. La rebeldía producirá un árbol con ramas de voluntad propia, independencia, testarudez, egoísmo, obstinación y orgullo (ver 1 Samuel 15.23).

2. Amargura

Es un fruto malo, producido por la falta de disposición para perdonarle a otros sus transgresiones. Trae maldición. Mucha gente vive «en el recuerdo». Pueden apretar el botón de «rebobinado» en su mente y traer al presente hechos que pasaron años atrás, sucesos que los han amargado.

3. Escapismo

Quieres huir de todo. Las circunstancias de la vida te amargan y te lastiman, por lo que buscas la manera de escapar. Los sueños diurnos y nocturnos pueden ser una manera de evitar las responsabilidades de la vida. Algunas personas usan drogas, alcohol y hasta la televisión para paralizar la mente.

4. Autocompasión

Esta reacción interior al rechazo toma la forma de aflicción personal. Te permites creer que la gente es injusta contigo y que acabarán con tu paz y tu gozo.

5. Culpa

«Me merezco la forma en que me trataron. Mis problemas son culpa mía. Este es un juicio de Dios.» Muchos cristianos viven bajo el yugo de la culpa como resultado de estar al lado de alguien que constantemente los menosprecia o los culpa de todo lo malo que pasa. Recuerda que todos hemos cometido errores en la vida, pero nuestros pecados ahora están bajo la sangre de Jesús.

6. Inferioridad o poca autoestima

Constantemente te rebajas ante los demás. Cuando te comparas con otras personas, pareces inadecuada. Es necesario que te des cuenta del hecho de que ante los ojos de Dios nadie es inferior. Todo lo que Él pide es fidelidad.

7. Inseguridad

Las personas que no se sienten queridas por quienes creen que deben amarlas, son proclives a dudar del amor de Dios. Tenemos cierto entendimiento del amor de Dios basado en el amor de nuestros padres terrenales. Tristemente, en nuestra sociedad actual, es la excepción y no la regla el encontrar vínculos sanos entre padres e hijos. Los niños rechazados llegan a ser adultos rechazados que luchan con el temor a todo, desde la seguridad financiera al favor de Dios.

8. Desesperanza

Si no tienes esperanza alguna en ser amada, te desesperas. Esa es la razón por la cual debemos impartirnos el amor de Jesús los unos a los otros. Quienes deseen ser amados deben empezar por amar a los demás.

9. Defensiva

El estar a la defensiva se expresa en forma de crítica y juicio a los demás. La persona que juzga comienza con quienes la han herido y juzgado. Solamente pueden ver las fallas ajenas y son presas del espíritu de decepción.

10. Desconfianza

Es muy difícil confiar y respetar cuando se está herida a causa del rechazo, la traición, el abandono o la infidelidad. Se destruye la confianza y la relación. No es imposible restablecer la confianza. Pero, es necesaria mucha humildad de quien ocasiona la herida, junto a la gracia de Dios para perdonar de parte del herido. En este punto, la dureza del corazón intentará ocupar su lugar.

Ahora que sabes lo que es el rechazo, cómo es que viene y cómo se lo identifica, permíteme ayudarte a liberarte.

Responde, no reacciones

La reacción tiene que ver con el alma. Nuestra mente, voluntad y emociones son parte del campo del alma. No hay nada malo en sí en este ámbito, ya que Dios nos creó con una mente para razonar, pensar y recordar. Nuestra voluntad toma decisiones para bendecir y vivir, y nuestras emociones toman decisiones para sentir amor e ira justa. Pero, cuando nos encontramos ante un problema espiritual, debemos responder por medio y con el Espíritu Santo.

> «Pero serán consumidos todos los que te consumen; y todos tus adversarios, todos irán en cautiverio; hollados serán los que te hollaron, y a todos los que hicieron presa de ti, daré en presa.»
>
> —JEREMÍAS 30.16

Este es un versículo terrible, pero me gusta. Todo lo que el diablo te haga, Jesús se lo va a hacer a él por tu intermedio. ¿Capturar un demonio y atormentarlo? ¡Asombroso! El Dios de paz pondrá a Satanás bajo tus pies. En el mismo capítulo, en el versículo 17, dice: «haré venir sanidad para ti, y sanaré tus heridas, dice

Jehová; porque desechada te llamaron, diciendo: esta es Sión, de la que nadie se acuerda.» Entonces se produce la sanidad de las heridas. ¿Qué heridas? Las del rechazo. Tú eres escogida, amada, aceptada y adecuada para el reino.

Oración de liberación del espíritu de rechazo

Padre: vengo ante ti en el nombre de tu hijo Jesús, quien me amó y entregó su vida por mí. Aplico la sangre del Cordero de Dios sobre mí y mi familia.

Vivo en el perdón. De acuerdo con Mateo 18.23-35, perdono de todo corazón todo y a todos quienes me hayan lastimado, vivos y muertos. Perdono que me hayan rechazado, ya sea sabiéndolo o no.

Perdono a _____ por no amarme de la manera en que Dios quiere que me ame.

Señor, por favor; perdóname por retener heridas, enojos, falta de perdón y amarguras pasadas. Me libero de todo espíritu y raíz de rechazo, en el poderoso nombre de Jesús.

Vete de mí y vuelve al pozo de donde viniste.
Señor, te agradezco por la liberación y la libertad. Espíritu Santo, te doy gracias por la frescura de tu unción y tu gracia en mi vida.

Señor, guárdame en este nuevo empezar. Amén.

11

Si te pueden ofender, te ofenderán

L a tarde no podía haber empezado mejor. Me encontraba en Pittsburgh para una serie de reuniones y algunas mujeres del área nos habían invitado a mi madre y a mí a almorzar. Nos llevaron a un hermoso restaurante desde donde se veía la ciudad. Estaba disfrutando la riquísima ensalada con crema de ajo y cebolla mientras nuestras anfitrionas nos contaban la historia de Pensilvania occidental. Eso me trajo lejanos recuerdos del colegio secundario. «¡Si hubiese prestado más atención a la clase de geografía ahora podría conversar más inteligentemente», pensé.

Cuando nos subimos al auto después de almorzar, sentí un fuerte olor y pensé: «Aquí hay alguien que huele muy mal. Necesita un buen desodorante bucal.»

Bajé la ventanilla y asomé la nariz. No aguantaba el momento de llegar al hotel.

Cuando llegamos decidí descansar un rato antes de la próxima reunión. Me saqué el vestido y quedé pasmada al ver que dentro del vestido, a la altura del pecho, tenía un pedazo de cebolla untado con crema de ajo.

—¡Oh, no! —exclamé—. ¡Era yo la del olor!

Me había molestado sobremanera el olor en el auto, pensando que era otra mujer, cuando la que lo ocasionaba era yo misma. Generalmente, eso es lo que descubrimos cuando damos un paso atrás y nos miramos a nosotras mismas en situaciones ofensivas. Cuando nos irritamos, creemos que la culpa es siempre de otro porque hizo algo que no nos gustó (o no hizo lo que esperábamos).

Ofensa, la defensa del corazón

Jesús dijo: «Imposible es que no vengan tropiezos» (Lucas 17.1), dando a entender que todos teníamos la posibilidad de ser ofendidos.

¿Cómo nos ofendemos? Permíteme compartirte una experiencia personal.

En una ocasión nos dedicamos a ministrarle a una familia en particular. Le dimos todo lo que podíamos darle. Cuando dejaron de venir a la iglesia, le pregunté a un conocido mutuo cuál sería el motivo. Me dijeron: «Dicen que les fallaste y los ofendiste.»

¿Qué? Traté de hacer un recuento mental de todo lo que habíamos hecho por ellos. Entre otras cosas, los habíamos invitado a vivir con nosotros en nuestra pequeña casa de dos dormitorios, con sus cuatro hijos —estaban esperando el quinto— y las dos niñeras. Pensaban quedarse una semana pero se quedaron dos meses. Yo estaba sorprendida; pensé que habíamos sido amables con ellos.

Unas semanas después, la esposa de esa familia me invitó a almorzar. Pensé: «*Bueno; querrá disculparse.*»

—Quiero decirte esto en amor —me dijo en cuanto nos sentamos en el restaurante.

Antes de continuar, quiero decir algo. Cuando alguien comienza una conversación con esa frase, prepárate, porque lo que viene a continuación no tiene nada de amor.

Y comenzó a contarme cómo yo la había ofendido. Traté de sonreír, pero las lágrimas inundaban mis ojos. Mientras escuchaba, pensaba: «Dios mío, si puedes, ahora mismo ven y dale un poquitín de lepra. No mucha, no la desfigures completamente; solamente un poquito alrededor del cuello para que sepa que ella está equivocada y yo estoy en lo cierto. ¡Bendito sea Dios!»

Entonces escuché la voz del Espíritu Santo.

—Juega el papel de Abigail.

Ahora bien, Abigail era la mujer de Nabal, un hombre que se negó a ayudar a David y a sus hombres, por lo cual David se dispuso destruir a Nabal (1 Samuel 25). Abigail se dio cuenta, entonces preparó una ofrenda de paz, y se postró delante de David.

> «Y cuando Abigail vio a David, se bajó prontamente del asno, y postrándose sobre su rostro delante de David, se inclinó a tierra, y se echó a sus pies, y dijo: Señor mío, sobre mí sea el pecado; mas te ruego que permitas que tu sierva hable a tus oídos, y escucha las palabras de tu sierva.»
>
> —1 Samuel 25.23,24

Abigail se humilló, se postró y encontró un motivo para disculparse, aun cuando pensara que ella no era responsable.

Y yo estaba ahí, con los puños apretados bajo la mesa y el Señor me decía:

—Humíllate y dile que lo sientes.

Por lo que obedecí y le dije que lo lamentaba y que no me había dado cuenta que la había ofendido. Le pedí que me perdonara.

Oramos por restauración. Cuando nos despedimos, me dijo:

—Puedes volver a vernos, aunque no sabemos qué vamos a hacer.

Cuando me subí al auto, la cinta se rebobinó en mi mente y comencé de nuevo. Me imagino que a ti te pasa lo mismo. Es la cinta que se reproduce, más o menos, de la siguiente manera: «Bueno, cuando ella dijo esto, tú tendrías que haber dicho esto otro.» «¿Y lo que sus hijos rompieron?»

Seguí manejando por la autopista pensando por qué siempre me pasa que las cosas se me ocurren tarde. ¡Yo le tendría que haber dicho a ella algunas cosas «en amor»!

Cuando llegué a casa estaba furiosa. Le dije a mi marido que me había humillado y le conté lo sucedido.

Todos necesitamos hablar con alguien sin tapujos. Dios me ha dado a esa persona: el hombre con quien me casé. Él me miró y me dijo:

—Querida: tú no te humillaste solamente; lo hiciste bajo la poderosa mano de Dios, y Él te exaltará.

—Bueno; fue un accidente, porque no me quería humillar —le contesté.

Esta preciosa familia regresó a la iglesia como resultado directo de mi humillación accidental. Con el tiempo, nos pudimos sentar a conversar sobre el tema, abiertamente y con amor, ya que ellos sabían que no los habíamos echado.

Aprovecha las bendiciones de sus maldiciones

El ofendernos es evidencia de iniquidad en nuestros corazones. No está determinada por la ofensa del ofensor sino por nuestra respuesta.

Con frecuencia, la gente que más se ofende son los

«recorredores profesionales» que van de iglesia en iglesia. Si les preguntas a qué iglesia van, te dicen que van adonde los lleven. Son cristianos de «cambio automático». Se van de una iglesia porque se sintieron molestos con algo. Luego, se van de otra porque tú los ofendiste. Y así siguen con las excusas.

Un domingo a la mañana en que estaba a cargo de la alabanza y adoración, estaba retrasada y llegué corriendo al teclado. Una señora me dijo después que tuvo que pedirle al Señor que me perdonara durante la comunión. Cuando le pregunté el motivo, me dijo:

—Pasaste a mi lado y ni siquiera me saludaste.

Le pedí disculpas, pero en mi interior pensé: «¡Por favor...!»

¿Te das cuenta cómo nos ofendemos cuando otras personas se ofenden?

Cuando yo llego tarde es porque tengo muchas responsabilidades. Cuando tú llegas tarde es porque eres desconsiderada y egoísta. Cuando yo estoy irritable, es debido a que tengo «un día de esos». Cuando tú estás irritable es porque no estás mostrando los frutos del Espíritu.

Los celos espirituales son otra razón para ofendernos. Cuando otras personas son bendecidas con algo y yo no, aparecen los celos y nos ofendemos con facilidad.

En una ocasión, Randi y yo pastoreamos una congregación a la cual nos entregamos por entero. Nos retrasamos dos meses en el pago de nuestra casa y la estábamos por perder si Dios no intervenía. Todo lo que necesitábamos eran dos mil dólares.

Nos encontrábamos compartiendo una agradable velada con una pareja de otra iglesia. Estaba llevando la comida a la mesa, cuando la esposa dijo:

—¿Escuchaste? Alguien le dio a nuestro pastor

300.000 dólares para que pague su casa.

De más estar decir que casi le tiro la fuente encima. Contesté algo trivial como «¡Qué fantástico!», y volví aprisa a la cocina.

—¡Dioooos! —grité. Hubiese querido levantar mi puño al Cielo y decirle que no era justo.

Estaba celosa y molesta a causa de la bendición que había recibido ese pastor.

En otra iglesia que pastoreamos, no habíamos pasado por una división que había ocurrido, pero terminamos con la parte que quedó. El Consejo completo renunció y mi marido y yo quedamos completamente solos y con una gran deuda. Habían comprado un nuevo edificio, mudaron ahí la iglesia y nosotros ni lo sabíamos.

Uno de nuestros «aliados» prometió quedarse con nosotros. Reconstruiríamos y rechazaríamos al enemigo que se había infiltrado en la iglesia. Sin embargo, del otro lado le ofrecieron seguridad, automóviles y más dinero. Nos abandonó en un suspiro.

Cuando escuché eso, estaba en bata en mi casa. Me apoyé de espaldas al refrigerador y me deslicé hasta quedar sentada en el suelo. En ese momento, si tan solo hubiese podido respirar profundamente y morir, lo hubiese hecho. ¿Alguna vez te sentiste así?

Le pregunté al Señor qué hacer. Él me dijo:

—Solamente, bendícelos.

Pero, como te imaginarás, yo no los quería bendecir. Creía que si los bendecía y luego, Dios los bendecía, se iban a creer que estaban haciendo las cosas bien.

Yo no quería que Dios los bendijera. Deseaba que fueran maldecidos, que fueran consumidos y que muriesen. El Señor me volvió a decir:

—Vé a su edificio y bendícelos.

Así que, los bendije. Cada noche me paraba delante

de su edificio y decía: «Padre, los perdono. Los perdono por esto y esto...», enumerando todas las cosas por las que los perdonaba.

Al principio no lo hacía con ganas. Seguía estando enojada. Pero fui allí durante treinta noches.

No hay palabras para describir lo que Dios hizo. La última noche, cuando le estaba pidiendo a Dios que los bendijera, que los ministrara, que incrementara sus finanzas y les mostrara su gloria, mis palabras fueron sentidas. No sé cómo Dios lo hizo, pero se me había ido todo el enojo, el dolor y la molestia por completo.

Pasan cosas graciosas cuando haces lo que la Palabra te manda hacer. La Palabra dice que bendigas a quienes te maldicen. Si tú estás bendiciendo y ellos maldiciendo, tu bendición saldrá, rebotará contra la maldición de ellos y te vendrá a ti de vuelta. ¡Querida, si eso no conmociona...!

Suelta, mono

En África existen trampas para monos. Se dejan las puertas delanteras de las jaulas abiertas, pero los monos son muy inteligentes como para ir por allí.

Ellos van por el costado y agarran la carne por entre los barrotes. Como los hombres son más inteligentes, ponen la carne más grande que el espacio que existe entre los barrotes. Cuando el mono trata de sacarla, no puede. Chilla y chilla, pero no la suelta.

El trampero se acerca, le da un golpe en la cabeza y tiene su mono. La moraleja: Suelta, mono.

El diablo te puede agarrar si te quedas prendida al pedazo de carne (la ofensa). Si la sueltas, el enemigo no podrá agarrarte. Necesitas orar al Señor: «Padre, no me voy a ofender. Me niego a ofenderme, y suelto cualquier ofensa que se pudo haber alojado en mi corazón.»

Hay personas que se ofenden de cualquier cosa. «No me gusta cómo levantan la ofrenda. No me gusta que se dance en la iglesia.» A la luz de la eternidad, ¿qué importancia tiene? Podemos vivir la vida libre de ofensas.

¿Te acuerdas de María a los pies de Jesús? Ella rompió el perfumero de alabastro y la gente se ofendió. Pero María se negó a sentirse ofendida.

Cuando estás sentada a los pies de Jesús, las ofensas no tienen ninguna importancia. El Salmo 119.165 dice: «Mucha paz tienen los que aman tu ley, y no hay para ellos tropiezo.»

Puede que hayas albergado alguna ofensa en tu corazón. Te han ofendido tus padres, los pastores, alguien que se llevó el reconocimiento que tú creías merecer, alguien que no te aprecia.

Pero el Señor quiere liberarte. Quiere que seas una Abigail. Inclínate, póstrate y di: «Lo siento. Perdóname, por favor». Eso quebranta nuestra carnalidad. Rompe lo que crece en nosotros y que se levanta diciendo: «¡No es justo!»

Esa humildad le place al Señor, porque esa es su naturaleza y su Espíritu. Despójate de la ofensa y di, como dijo Jesús en la cruz: «No importa. Yo cargo con la culpa.»

12

Esperando mi destino, pero atascada en las inmediaciones

Por haberme criado en la iglesia siendo la hija del predicador, estuve expuesta a una gran variedad de vivencias en la vida de la iglesia. Algunas fueron de Dios, otras... bueno, digamos que no fueron de Dios. En una ocasión, en un picnic, el superintendente de la escuela dominical comió su almuerzo en el techo de la iglesia porque rompimos el récord de asistencia. No fue de Dios... especialmente, porque perdió pie y se cayó del techo.

Varias veces al año teníamos cultos dominicales sobre misiones. Definitivamente, eran de Dios. El misionero y su familia —si podía traerlos (yo creía, secretamente, que estaban en el centro comercial)— se paraban en la plataforma, usando sus vestiduras típicas. Misioneros blancos, pálidos, delgados, con la indumentaria tradicional del lugar de donde trabajaban, parecían ridículos; y tal vez, así se sintieran ellos también.

No obstante, sentados en la primera fila de la iglesia, nos sentíamos afortunados de estar frente a aquella gente tan especial. Cantaban una canción en la lengua katawábinish, que sonaba más a menos así:

> «*Oh da kí*
> *Wi ataroachí*
> *Arnt iu gladú*
> *Dunnt jaf ta goutú.*»

Nos mostraban muchísimas transparencias (¡click! ¡click!) de la iglesia en la jungla, (¡click! ¡click!) de la escuela de la misión y de gente que aceptaba a Jesús pero que no tenía dientes (¡click! ¡click!).

Yo estaba subyugada. El escuchar de remotos lugares y fascinantes historias de los milagros de Dios no solamente cautivaban mi corazón de niña, sino que, además, no había sermón que lo igualara.

El final del servicio era siempre el mismo. El misionero nos hacía inclinar la cabeza reverentemente y nos preguntaba quién quería servir a Jesús en el campo misionero. ¡Nadie se movía! Por supuesto que ninguna persona en su sano juicio quería dejar la comodidad de su casa, su lindo automóvil, su sillón reclinable y su televisor a color para ir a vivir al otro lado del mundo y en medio del barro.

¿Quién quiere dormir en una colchoneta sobre el pasto y comer entrañas de anguilas? Por supuesto, ahí estaba Eddie, que siempre levantaba la mano para todo —hasta para integrar el equipo de voley femenino...—, pero esa es otra historia.

—Ya que no irás, ¿darás para que yo pueda ir? —decía entonces el misionero. Esto era lo que esperaba el público, y era con lo que contaba el pobre misionero. Se levantaban cientos de manos.

«Daré cinco dólares al mes para poder sentarme cómodamente en mi sillón, y no tener que comer crema de pata de saltamonte.»

Decir que ese era un momento de emociones cargadas sería desleal. Hablando seriamente, el problema era que no entendíamos que teníamos un rol en el plan de Dios para la cosecha final, y que Dios tenía un destino y una visión para cada una de nuestras vidas.

Habíamos escuchado varias enseñanzas maravillosas, oído sermones, visto programas de televisión y escuchado a pastores y profetas retándonos a seguir un camino superior. De hecho, sin duda creo que hemos oído, visto, leído y olvidado más enseñanzas que lo que el resto del mundo todavía tiene que oír. Pero, ¿cuántos tenemos sentido de destino? ¿Cuántos entendemos nuestro propósito en Dios?

Permite que el precioso Espíritu Santo de Dios te muestre tu destino y tu propósito en la vida. Dios desea revelarte quién es Él y cuál es su propósito en cada situación de tu vida.

«Después de esto miré, y he aquí una gran multitud, la cual nadie podía contar, de todas naciones y tribus y pueblos y lenguas, que estaban delante del trono y en la presencia del Cordero, vestidos de ropas blancas, y con palmas en las manos; y clamaban a gran voz, diciendo: la salvación pertenece a nuestro Dios, que está sentado en el trono, y al Cordero. Y todos los ángeles estaban en pie alrededor del trono, y de los ancianos y de los cuatro seres vivientes y se postraron sobre sus rostros delante del trono, y adoraron a Dios, diciendo: Amén. La bendición y la gloria y la sabiduría y la acción de gracias y la honra y el poder y la fortaleza, sean a nuestro Dios por los siglos de los siglos. Amén.»

—Apocalipsis 7.9-11

No sólo que Dios tiene un destino para ti, sino que lo tiene para toda la humanidad. Desde el principio de los tiempos Él vio el día en que se sentaría en el trono y vería a los hombres de toda tribu, nación, país y lengua, redimidos por la sangre de su Hijo Jesús, de pie delante suyo adorándolo.

Habrá momentos en que te sentirás abrumada en espera de tu destino. David escribió un salmo acerca de esto.

«Y dije: ¡quién me diese alas como de paloma! Volaría yo, y descansaría. Ciertamente huiría lejos; moraría en el desierto.»

—Salmo 55.6,7

Me gustaría remontarme y volar, preferiblemente, antes de mi próxima cita con el dentista, o antes que mis cuatro bebés lleguen a la adolescencia, y, definitivamente, antes de llegar al fin de los cuarenta.

Hay cerca de dos mil diferentes grupos humanos que todavía no han oído el evangelio. Pero la Biblia dice que habrá representantes de toda tribu, raza, nación y lengua. ¿Te das cuenta en qué manera el enemigo ha tratado de sacar nuestra mira del centro, para no llegar a los perdidos?

No importa que seas el primogénito o el último, deseado, adoptado, joven, viejo, en silla de ruedas o estés postrado, en Dios tienes un destino.

Una querida señora estuvo enferma por mucho tiempo. La última vez que hablé con ella me dijo que había sido sanada por completo y que se estaba yendo al campo misionero. Acababa de celebrar su cumpleaños número setenta.

Mi querida abuela Rut tiene 88 años. Estuvo viuda por más de cincuenta y ya no anda como lo hacía antes. Debido a una lesión en el nervio óptico, no puede leer. Pero ora diariamente y ayuna por lo menos tres veces al mes.

—Cathy, me podría haber ido con el Señor hace unos cuantos años. Estoy cansada; hubiese sido más fácil irme con el Señor, pero Él me dijo que debo quedarme y orar, que mi tarea aun no ha terminado —me dijo.

Tu edad no importa cuando Dios tiene un trabajo para ti. Las palabras más gloriosas que escucharemos cuando estemos en su presencia son: «Hija, has cumplido tu destino en tu generación. Bien hecho, sierva fiel. Ven; recibe tu corona y descansa.»

Puede que no sea grande y gloriosa a los ojos del mundo, pero es esa clase de fidelidad y obediencia lo que Dios está buscando.

Conozco gente preciosa que nunca cumple la voluntad de Dios para sus vidas porque siempre se están sanando. Han tenido veinticinco años de liberación, sanidad interior, sanidad exterior, sesiones de terapia y restauración. Han echado fuera todo lo que había que echar. Pero aun así, nunca llegaron al momento de permitirle a Dios que fluyera en ellos para tocar a los perdidos y heridos, llegando a ser miembros productivos del reino de Dios. La mejor manera de ver que se cumple tu visión es ayudando a que se cumpla la de los demás.

La iglesia en transición

Escuchamos a muchos líderes cristianos hoy en día decir que la iglesia está en transición. La transición significa que no estás donde estabas, ni dónde debes estar sino que te encuentras atascada en algún punto intermedio.

Comparo la transición con el nacimiento. Cuando nació Jerusha, nuestra primer hija, mi marido y yo estábamos muy emocionados. Fuimos juntos a las clases preliminares y le dije a todo el mundo que no iba a usar ninguna droga; el nacimiento de mi hija iba a ser completamente natural.

—Voy a ser como las mujeres chinas —me había dicho a mí misma (y para todo aquel que quisiera escuchar)—. Me voy a agachar, parir el bebé en el arrozal, lavarlo, y seguir mi camino.

Al poco rato de llegar al hospital, la enfermera me dijo que tenía una dilatación de un centímetro y medio. «¡*Sencillo!*», pensé. «¡*Con ocho y medio más ya estoy lista. No sé cuál es el problema... todas esas mujeres en la televisión gritan.*»

La parte divertida llegó cuando la dilatación estaba en seis centímetros, el bebé estaba en transición —ni salía ni entraba. Se había atascado en algún sitio.

Con seis centímetros de dilatación, me paré en la cama y grité:

—¡Quiero morfina! ¡Quiero cocaína! Denme un cuchillo. ¡Lo haré yo misma!

Mi marido se inclinó y comenzó a orar en lenguas, algo así como «rondarasakayensitsmanayna». Lo miré y le dije:

—¡No me rondarasakayenisitsmanaynames! ¡Esto es culpa tuya! ¡Fuera!

¿Te acuerdas cómo te sentiste cuando la enfermera te puso a tu bebé en los brazos? Dijiste que valía el dolor. Después de eso, ¡algunas mujeres salen del hospital y empiezan todo de nuevo!

Muchos cristianos están en transición. Tienen en su haber un montón de palabras incumplidas, dichas por el Espíritu de Dios. Las palabras fueron ciertas, pero el período de transición ha sido duro. Dijeron: «¡No puedo más!», y se rindieron. Dejaron de lado sueños y visiones, profecías y promesas. Tal vez tú seas una de ellas.

Cuando muere la fuerza propia

Tuve el sueño de tener más hijos. Aquellas que hayan tenido la experiencia de ser estériles, comprenderán el dolor, el sufrimiento y las ansias de llevar esa promesa en brazos.

—¡Sácame el anhelo si no me vas a dar un hijo! —le clamaba continuamente al Señor.

Había oído mensajes acerca de pararme y confesar una promesa hasta que se cumpliera. Luego escuché un mensaje que hablaba sobre «dejar nuestros "Isaacs"» en el altar, y rendirnos. Mantuve mi promesa viva; luego la puse sobre el altar y la maté. Sinceramente, no estaba segura si la iba a confesar o a matar. Pero la respuesta fue... ¡ambas! Había caído en la trampa en la que caen muchos creyentes: comencé a vivir para la promesa en vez de vivir para el Prometedor.

Nuestra actitud hacia los ataques del enemigo tiene que ser de fe firme, confesión y perseverancia. Nuestra actitud hacia el Padre celestial tiene que ser de total rendición y confianza.

Un día, después de quince años de haber creído que Dios me daría otro hijo, el Señor habló.

—Hija; tengo un bebé para ti.

—Por favor, Señor; no me vuelvas a decir eso. Estoy llegando al lugar de total descanso en ti por otro hijo —le dije.

—Hija —volví a escuchar—; tengo un hijo para ti. No será un hijo que llevarás dentro tuyo, sino que te lo pondré en los brazos.

Ese día lloré mucho. Lloré por lo que en aquel momento sentí como una desilusión; tal vez debido a que mi fe no era lo suficientemente fuerte, o perfecta, o estable. Aunque sabía que había derramado lágrimas de autocompasión, me levanté de mi lugar de oración aquel día, declarando:

—Que se haga tu voluntad, porque mi vida no me pertenece.

Dichas esas palabras, me lavé la cara y nunca le conté a nadie mi encuentro con el Señor.

Un mes después una mujer se me acercó en una reunión y me dio una tarjeta.

—Si quieres un bebé, podemos llevarte uno a tu casa —me dijo. Una semana después, mi marido y yo estábamos en la oficina del abogado de adopciones, discutiendo el proceso. Era tan increíble que pensaba que tendría que pellizcarme para ver que estaba despierta. La promesa estaba al alcance de la mano.

—Necesitaré $6000 para gastos en la corte —dijo el abogado—, más los gastos de la madre, las cuentas médicas, etc.

No teníamos $6000. Ni siquiera teníamos $600. Mi primer reacción fue salir corriendo de la oficina del abogado y gritar.

—¡No es justo, Dios! ¡Esto no es justo!

—¿Aceptaría $2000 con la promesa de completar la suma? —le preguntó mi esposo.

Su pregunta me trajo a la realidad. El abogado aceptó extender el plazo sólo por dos días.

De regreso a casa, hice la natural «cosa de esposa» y le dije a Randi que no lo había querido abochornar delante del abogado, pero que creía importante recordarle que no teníamos $2000. Él me recordó a mí lo que frecuentemente decíamos:

—La factura de Dios se paga con el dinero de Dios.

Pasaron los días y comencé a aterrorizarme. ¿A quién podía llamar? ¿A los amigos? No. ¿Y si vendemos el auto? Es difícil vivir en este país sin un auto.

Llamé a la oficina de adopción y les rogué que no dieran a mi bebé en adopción.

Dos semanas después me quebranté delante del Señor. Caí de rodillas y clamé.

—Me rindo... de nuevo.

Él me recordó la Escritura que había estado estudiando en Isaías 6.

«En el año en que murió el rey Uzías vi yo al Señor sentado sobre un trono alto y sublime, y sus faldas llenaban el templo. Por encima de él había serafines; cada uno tenía seis alas; con dos cubrían sus rostros, con dos cubrían sus pies, y con dos volaban. Y el uno al otro daba voces, diciendo: Santo, Santo, Santo, Jehová de los ejércitos; toda la tierra está llena de su gloria ... Entonces dije: ¡Ay de mí! que soy muerto; porque siendo hombre inmundo de labios, y habitando en medio de pueblo que tiene labios inmundos, han visto mis ojos al rey, Jehová de los ejércitos. Y voló hacia mí uno de los serafines, teniendo en su mano un carbón encendido, tomado del altar con unas tenazas; y tocando con él sobre mi boca, dijo: He aquí que esto tocó tus labios, y es quitada tu culpa, y limpio tu pecado. Después oí la voz del Señor, que decía: ¿A quién enviaré, y quién irá por nosotros? Entonces respondí yo: Heme aquí, envíame a mí.»

—ISAÍAS 6.1-3,5-8

En hebreo, Uzías significa «la fuerza de Jehová». También quiere decir: «Dios ha ayudado.» Tal como hizo

Abraham, llegará un momento en nuestras vidas cuando nos rendiremos a la promesa de Dios para ver su gloria.

Sentada en el suelo del cuarto de lavar la ropa, el Señor volvió a hablarme.

—Cathy, o lo haces tú, o lo hago yo —me empecé a reír y llorar al mismo tiempo, al darme cuenta lo tonta que había sido. El Señor me había prometido este hijo, y yo había pensado que Él no podría dármelo sin mi ayuda.

Mi conversación con el Señor fue la siguiente.

—Cathy, te di dos semanas. ¿Qué has hecho?

—Señor, tengo cincuenta dólares, un par de escarpines de bebé y un terrible dolor de cabeza.

Dios me contestó.

—Levántate, mujer de Dios; adórame por quien yo soy. Vas a ver un milagro. Ya es tiempo.

Él es la autoridad final, y solamente vale lo que Él diga. No importa cómo se presenten las circunstancias, Dios quiere que te levantes y lo alabes y que sigas adelante; y mientras lo haces, las circunstancias cambiarán.

Isaías no estaba solo en el templo. Había sacerdotes y pueblo adorando, ya que en ningún momento el templo estaba completamente vacío. La Palabra dice que Dios vino y se reveló. A pesar de que el lugar estaba lleno de gente, Isaías fue el único que vio la gloria de Dios. ¿Por qué? Porque los demás estaban preocupados lamentando la muerte del rey Uzías.

Si no escuchamos su voz o buscamos su gloria en medio del dolor, el sufrimiento y la pena, puede que perdamos nuestro destino. Esos son los momentos en los cuales Dios quiere mostrarse a sí mismo y hablarnos. Mientras los demás se lamentaban, Isaías adoraba al Señor en el año de la muerte del rey. Ahí fue cuando vio al Señor y Él le habló.

En respuesta a la gloria de Dios, Isaías sintió plenamente su propia insuficiencia. «¡Ay de mí! Pues soy hombre de labios inmundos.»

El ángel vino con un carbón encendido. Lo limpió y Dios habló: «¿A quién enviaré?» Isaías dijo, como tú y yo debiéramos decir: «¡Heme aquí! ¡Envíame a mí!»

Dios proveyó soberanamente las finanzas a los dos días de mi encuentro con Él en el cuarto de lavado. Ahora, dos años después, no sólo tenemos una bendición sino cinco ...nuestra querida hija adolescente —Jerusha—, una hermosa hija negra de dos años —Hannah Ruth—, nuestros hijos, mezcla de dos razas, Gabriel Leví de dos años y Samuel Josías, seis semanas menor que Gabriel, y por último una beba, Abagael Elisha, también con trasfondo de dos razas.

Nuestros cuatro hijos adoptivos no son de segunda categoría. Nuestro amor hacia ellos es igual al que sentimos por nuestra hija de sangre.

Dios dijo que iba a tener gentes de cada tribu, nación y raza. No tienes que ir a buscarlos, necesariamente. El Señor los puede traer a ti.

Oración de rendición

Si estás frustrada, si estás cansada de esperar una promesa, si sientes que las cosas que Dios te ha prometido nunca se cumplirán, haz esta honesta oración de rendición:

«Señor, he hecho todo lo que me has dicho, más una docena de otras cosas que no me dijiste que hiciera. Si yo hubiese podido hacer realidad la promesa, lo hubiese hecho, porque, realmente, lo intenté. Pero ahora mismo, aquí mismo, me rindo a tu plan. Muéstrame tu gloria. Déjame escuchar tu voz.

»Mientras espero, seré tu misionera a este mundo perdido, herido y agonizante.

»Señor, el deseo de mi corazón es cumplir el destino que me tienes preparado. Es un destino de esperanza, de bendecir y ser bendecida, de ser misericordiosa dando de tu gracia y disfrutar tu unción, tu divina protección y dirección.

»Señor, confío en ti. Descanso completa y totalmente en tu amor por mí. Amén.»

13

Puedes ser tibia, pero no de Espíritu

Una compañía local que provee elementos de construcción, usa esta frase publicitaria: «No te mudes, mejora.» Eso también lo podemos aplicar espiritualmente. Decimos que ya no podemos más. Cambiaremos de iglesia, esposo, trabajo, casa, etc., y las cosas se mejorarán. Hay muchos cristianos que van de una iglesia a otra. Consideran la iglesia como una cafetería espiritual. ¿En qué se ha convertido el compromiso?

La respuesta no está en cambiarse, sino en mejorar la situación allí mismo, donde te encuentras. El Señor quiere usar la excavadora espiritual y comenzar a penetrar bien profundo en tu ser para cumplir su propósito en ti.

Si el pastor te pone nerviosa, pregúntale al Espíritu de Dios: «¿Qué me estás diciendo a través de este hombre que hace que tenga ganas de irme? ¿Qué quieres hacer en mí?» El Espíritu del Señor te está diciendo:

«No te muevas; no salgas corriendo. Mejora la situación donde te encuentres con la unción y las herramientas del Espíritu.»

Mantén tu unción

El diablo querrá robarte la unción. ¿Qué es la unción? Es el poder sobrenatural de Dios para hacer algo en palabra o hechos, algo que sería imposible hacer por nosotros mismos en la carne.

El diablo intentará de todas las maneras posibles quitarte esa unción. Su propósito es matar, robar y destruir. Puedes estar en una reunión donde la presencia del Señor es tan maravillosa que sales «volando». Llegas a tu casa, y una sola palabra negativa de tu esposo puede ser suficiente para explotar. Es lo que llamo «transferencia de espíritus».

Invariablemente, cuando me encuentro en una reunión, alguien que no conozco quiere orar por mí. Soy muy cuidadosa en permitir que me impongan las manos. Hay algunos creyentes a quienes llamo «cristianos de granola». Son melosos, crocantes y alocados, y no quiero su espíritu en mí.

Una noche, al finalizar un mensaje, pedí que pasaran al frente quienes necesitaban oración. Delante mío se paró un hombre grandote con los brazos cruzados. Me miró. Era evidente que no se iba a sonreír o a mover y que estaba allí para protestar. Al parecer, pensó que Dios lo había mandado para enderezarme.

Hice lo mejor que pude por ser amable y le pregunté qué necesitaba del Señor.

—Te diré qué quiero. No estoy de acuerdo con lo que está pasando —me dijo.

Traté de orar por él pero me interrumpió diciendo que no estaba de acuerdo. Entonces pedí que el Espíritu del Señor descendiera en ese mismo instante.

Dios me oyó. Lo próximo que supe fue que el poder de Dios cayó sobre él y en un instante el hombre estaba postrado en el suelo todavía con los brazos cruzados.

En treinta segundos me puedo dar cuenta si alguien quiere consejo o desea discutir conmigo. Tengo que depender de la unción de Dios para eso; no tengo otra cosa. Aquellos que quieren discutir la Palabra, generalmente, tienen un espíritu de orgullo y arrogancia, y si no eres cuidadosa, te lo pueden transferir.

Algunas mujeres intentan empujar al Señor hacia sus maridos. Ponen el televisor en un canal cristiano y se aseguran que el volumen esté alto; o ponen una prédica en la casetera del automóvil para que cuando el marido encienda el motor... ¡bingo!: «Evangelismo instantáneo.»

¿No te das cuenta que si andas en la unción, traes la misma presencia del Señor contigo a la habitación? Esa unción será impartida a quienes te rodean. ¡Realmente funciona!

Mi abuela, que anda por aquí desde Adán, nunca predicó en ningún lugar público, ni tiene mucha educación académica. Pero ella puede orar y el poder de Dios es tan fuerte que llena el cuarto. Es a ese tipo de unción al que me refiero.

El enemigo intentará robarte la unción. Usará los comentarios negativos de tus compañeros de trabajo, parientes y amigos para acosarte. El hombre del Salmo 1 está apartado del consejo de los malos. No permitas que los malos te transfieran el espíritu de derrota. ¡Mantén tu unción!

Música rock *versus* «Al mundo paz»

Una de las maneras en que el diablo intentará robarte la unción es por medio de la música. Yo era la disertante en una reunión en un hotel donde también se llevaban a cabo otras reuniones. Mientras las mujeres estaban adelante cantando alabanzas al Señor, en la sala de al lado retumbaba la música de rock and roll. Hice lo mejor que pude por ministrar, pero te diré que el ritmo de la música se transfería a nuestro grupo.

Mientras me movía de persona a persona para ministrar y orar, una mujer estaba moviendo las manos y balanceándose; parecía sumergida en la adoración, pero estaba cantando la letra de la música de rock. Ni siquiera se había dado cuenta de la influencia que la música de al lado ejercía sobre ella. Mi primer pensamiento fue: «*Señor, uno de nosotros tendrá que irse.*» La solución fue pedirle al grupo que cantaba que lo hiciera más alto que la música que venía de al lado. Dio resultado y tuvimos un admirable servicio aquella noche; el Señor hizo muchos milagros.

La música tiene una enorme influencia sobre nosotros. ¿Recuerdas las veces que fuiste a la iglesia sintiéndote desanimada? He visto parejas entrando enojados a la iglesia porque no se pusieron de acuerdo por el lugar donde estacionaron. Pero al comenzar la alabanza, la música los tocó en su espíritu y sus corazones se ablandaron.

Donde está presente el Espíritu del Señor, la unción te liberará de los sentimientos negativos con los que llegaste. No fue algo que hicieras; simplemente fue la unción. Recuerda que la unción se toma; no se enseña. Rodéate de personas que caminen en ella y en el Espíritu de Dios.

Las tiendas y los almacenes entienden la sicología de la música. Ponen música de fondo que sugiere: «Quédese un poquito más. Compre un poquito más. No se vaya. Su casa es depresiva. Usted quiere quedarse donde-se-compra-mucho-y-se-ahorra-mucho.»

En una ocasión que estaba de compras con mi hija adolescente. De pronto nos encontramos en una tienda que vendía una ropa espantosa. Mi hija estaba enloquecida. Mientras esperaba que se probara algo, me paseaba entre los percheros mirando la ropa. La música rock retumbaba en la tienda y me di cuenta que masticaba mi chicle un poco más fuerte y más rápido que lo acostumbrado.

Antes de darme cuenta, había seleccionado para mí una minifalda rosa de cuero y unas botas militares. Mi hija me dijo que parecía la chica de un anuncio de alguien en la crisis de la edad media.

—Fue... la música —le dije avergonzada.

Ahora bien, no me tires tus botas de vaquero, pero la música country tiene el mismo efecto. Alguien se ha ido, o está regresando, o está derramando su melancolía sobre una cerveza por lo que ha escuchado de ti. No es, precisamente, algo edificante.

Llena tu casa, tu automóvil y tu corazón con alabanzas al Señor. Cuando el salmista David adoraba, su música echaba fuera el espíritu malo de Saúl (1 Samuel 16.23).

Las computadoras siempre están correctas, ¿verdad?

Existen temores de todo tipo. Temor a estar en lugares con mucha gente, miedo a la altura, al agua, a las caídas, a perder el trabajo, a perder la casa... la lista es interminable.

Todos los temores, excepto el temor a Dios, provienen del diablo y deben ser tratados como tales. El enemigo usará el temor para robarte la unción.

Volviendo de una reunión me encontré con una nota del banco por haberme sobregirado. Para empeorar las cosas, era en el pago de la casa. Creí haber sido cuidadosa con mis cuentas, pero mi preocupación en ese momento era cómo se lo iba a decir a mi marido. De acuerdo a mis cuentas, tenía dinero suficiente en el banco. De acuerdo al banco, me había sobregirado en $450. Ellos debían estar en lo correcto; ¡tienen computadoras!

En ese momento estaba planeando hacer compras para una cena especial del Día de las Madres al día siguiente. Me empezó ese dolor de cabeza que comienza en la nuca y va creciendo. Un terrible miedo se apoderó de mí.

No podía hacer las compras porque no tenía efectivo y no podía hacer otro cheque. Llamé a mi madre — mis padres estaban invitados a cenar— le conté lo que pasaba y cancelé la cena. Dijo que comprendía, lo que no me ayudó para que me sintiera mejor.

Había pensado hacer pollo con arroz amarillo, usando pechugas de pollo sin hueso. Me senté en el suelo y empecé a llorar, pidiéndole al Señor que me ayudara porque, por supuesto, nada de eso era culpa mía. Pero, las computadoras no mienten y la computadora decía: «fondos insuficientes.»

Entonces vino el proverbial toque en la puerta. ¡No bromeo! ¡Golpearon a la puerta! Al abrirla, me encontré con una querida hermana.

—No sé por qué, pero sentí que debía traerte esta bolsa —me dijo.

Cuando le pregunté qué había dentro, me dijo:

—Pechugas de pollo.

Yo lloré y ella lloró. Ahora te pregunto, ¿cuándo fue la última vez que lloraste por unas pechugas de pollo?

Llamé a mi madre.

—Se hace la cena —le dije.

Como Dios hizo con el maná, así hizo llover pechugas de pollo.

Unos días después me informaron del banco que debido a una confusión de números, mi depósito había sido acreditado en otra cuenta. El banco corrigió el error, pero yo le perdí la confianza a las computadoras.

En el momento en que comencé a temer, el diablo puso el pie. Cuando liberé la fe, Dios obró. El temor le da cabida a Satanás en una situación determinada, pero la fe coloca a Dios en la misma.

¿Dónde está tu motivación?

La tercera forma en que el diablo querrá robarte la unción es por medio de la pasividad y la complacencia. No tienes celo de Dios, no tienes energía, ni motivación, y te sientes como atacada por un espíritu malo.

Cuando suena la alarma del reloj a la mañana —la que te indica que debes levantarte para orar— la apagas. Perdiste la batalla; eres débil, estás cansada de mantenerte en fe. Ten cuidado con esta señal de pereza; puedes ser blanco del enemigo.

Ningún juego de fútbol se ganó sólo con una buena defensa. Los jugadores tienen que tomar la pelota y correr con ella. Los juegos se ganan tanto con la defensa como con un buen ataque.

¿Alguna vez oraste: «Ah, Señor, ya no puedo más con esta situación. Si no va a mejorar, llévame a tu gloria»? Dios no te necesita allá, te quiere peleando ahí donde estás. Él tiene miles de ángeles allá arriba haciendo lo necesario, y no se quejan ni protestan. Él quiere que pelees hasta que la motivación y la unción del Espíritu Santo aparezcan.

En mi segundo viaje a Filipinas fuimos a la isla Mindanao a un seminario para pastores. Mis padres ya estaban ahí y cuando llegué me dijeron que teníamos el tiempo justo para llegar a la conferencia.

No me había cambiado de ropa en los tres días que duró el viaje, y mi primer impulso fue quejarme. En la conferencia había más de 400 pastores con sus esposas, aglomerados en una sala caliente. Estuvieron parados una hora y media alabando y adorando a Dios, hasta que el líder les dijo que pararan para poder ministrar la Palabra.

De pronto, mi actitud cambió. Me podía imaginar a la gente de mi país diciendo: «Me duelen los pies. Hemos estado cantando una eternidad y si no predica enseguida me perderé el programa de TV.»

Lo único que querían hacer los filipinos era mejorar la situación en la que se encontraban. No tenían medios de transporte, no tenían lindas casas, ni ropa llamativa, pero tenían celo y amor por Dios.

Tendemos a ser complacientes con nuestras comodidades, y en una de esas situaciones el Señor me enseñó algo. Estaba tendida en mi cómoda cama de agua cuando algo pasó delante de mis ojos «silbando». Parecía como una mancha negra.

Le pregunté al Señor qué significaba. Él me dijo:

—Es un espíritu de pereza que no quiere que ores. Me levanté de mi cómoda cama, me arrodillé y le pedí al Señor que me perdonara. Había sucumbido al espíritu de pasividad y complacencia.

No te diré que fue fácil. Estuve luchando con ese espíritu durante veinte minutos. Fui hasta la puerta principal de la casa, la abrí y le ordené al espíritu que se fuera. Me paré en la puerta diciendo:

—¡Fuera! ¡Fuera! ¡Te ordeno que te vayas en el poderoso nombre de Jesús! ¡Eso es...! ¡Fuera de mi casa!

Levanté la vista y vi a mi vecino de enfrente, con los ojos muy grandes y la boca abierta, mirando como yo echaba a ...nadie. Después me enteré que él había decaído en su fe. Lo debo haber asustado de volver al reino de Dios.

La meta de Satanás es que le des cabida al aletargamiento. Creo que los apóstoles lucharon con el espíritu de pereza cuando no se pudieron quedar despiertos para orar con Jesús en el jardín la noche de su arresto (Lucas 22.39-46). Satanás no quiere que mejores. Desea que te mudes y sigas siendo desgraciada en otro lugar. ¡No te detengas! Vuelve a la lucha y no ceses hasta que te liberes.

Puedes ser tibia, pero no de Espíritu

Leemos en Apocalipsis 3.15,16: «Yo conozco tus obras, que ni eres frío ni caliente. ¡Ojalá fueses frío o caliente! Pero por cuanto eres tibio, y no frío ni caliente, te vomitaré de mi boca.» Esas son palabras duras.

La tibieza de espíritu puede robarte la unción, aunque no de golpe. Sucede gradualmente. Vamos siendo arrastradas hacia la pasividad al no orar como solíamos hacerlo. Empezamos a faltar a la iglesia y nos creemos las mentiras del diablo. Nuestra disposición a la lucha ha mermado. Queremos hacer nuestras propias cosas y comienza la rebelión.

Cuando te levantas a la mañana, palmea las manos y di :

—¡Escucha, diablo; tengo algo que decirte!

No esperes a que él te encuentre. Di:

—Te digo que cualquier plan que tengas en mi contra o en contra de mi familia, no prosperará. Declaro confusión para ti y tu zona de influencia.

Sé como Rambo. Dile al diablo:

—Soy tu peor pesadilla.

Cuando estás envuelta con las vestiduras de justicia del Señor Jesucristo, tienes el poder de Dios en tu vida.

Tengo uno de esos aparatos de hacer gimnasia y caminar en el mismo lugar. A veces me dan ganas de tirarlo a la basura. Es una de esas cosas que poseo pero que no me sirve de nada si me le paro delante y lo miro. Está ahí, haciéndome sentir culpable. También tengo la bicicleta fija y el trampolín, que pensé me resolverían todos los problemas. Tres minutos en cualquiera de ellos y me falta el aire.

Si no uso alguno de estos aparatos, no me sirven para nada. Pero también tengo que aprender que no puedo empezar pedaleando una hora al principio. Tengo que ir aumentando mi resistencia.

Mira a la distancia

Siempre admiré a los corredores de maratones. Si alguna vez, —y ese es un gran si—, corro una maratón, cruzaré la línea de llegada en camilla y conectada a un tanque de oxígeno.

Pero un corredor olímpico no necesita ayuda. Los ganadores entran al estadio olímpico ante el ensordecedor estruendo de la multitud. En vez de desmayarse al llegar a la meta, el ganador sigue corriendo, agregando un triunfo adicional al dar otra vuelta.

¿Por qué la multitud está aclamando? Él está completando algo que ellos no podrían hacer. Fue bien entrenado para hacer lo que hizo, pero comenzó con poco a la vez, terminando con la vuelta victoriosa.

Cuando comenzamos a ejercitar los músculos de la fe, podemos orar solamente cinco minutos al día. Como cuando hacemos ejercicios, tenemos que ir formando resistencia.

Pelea pasivamente con oraciones hirvientes contra el enemigo. Invierte tu vida en alabanza, adoración y una vida de iglesia. Busca una mayor unción de Dios, una unción como nunca hayas tenido.

Escuché la historia acerca de «la pelea más grande de todos los tiempos», la cual, verdaderamente, me ministró (tal vez, porque muchas veces me sentí como una bolsa de arena). Fue entre Muhammad Alí y Joe Frazier, en las Filipinas.

Frazier no dejaba de darle golpes a Alí. Ambos sangraban. Suena un poco grosero, ¿verdad? Pero Alí no se rindió. Seguía arrojando golpes a la cara de Frazier. Ninguno de los dos cayó sino que ambos estaban golpeados, cortados e hinchados. Finalmente, después de la vuelta número 14, Frazier se negó a salir de su rincón. Alí ganó.

Cuando el enemigo quiera seguir golpeándote, sigue resistiendo y pegando. A su tiempo, él se negará a salir de su rincón.

Jesucristo se paró en el cuadrilátero y recibió un golpe por nosotros al morir en la cruz. Podemos recibir un golpe y seguir siendo campeones. Jesús es el conquistador y tú eres «más que vencedora» por medio de Aquel que ganó el premio.

El Espíritu de Dios te dice: «No te mudes; mejora». Resiste el ataque. No busques una nueva palabra. Toma la palabra que ya tienes y empieza a creer que lo que Dios dice ¡lo hará!

14

¿Qué quieres decir con eso de que no hay más maná?

Me encontraba en una reunión cuando el Señor me habló acerca de una mujer que se encontraba en medio de la multitud. Me dio una canción para ella, por medio de la cual decía que acabaría con su sufrimiento y que cambiaría su lamento en gozo y alegría. Entre otras palabras proféticas, Él le dijo que su marido se iba a levantar y que Dios lo usaría en las misiones médicas.

Más tarde, ella me dijo que su marido era médico.

—¡No te imaginas lo que tus palabras significaron para nosotros...! —me dijo.

Ambas nos regocijamos en el Espíritu de Dios al ver lo preciso que Él es. ¿Por qué Dios lo hace así?

La palabra de Dios viene a darnos algo con lo cual combatir al diablo. Nos da poder para hacer guerra contra la duda. Por otro lado, tenemos que estar tan confiados en lo que Dios es que, aunque no entendamos exactamente lo que está haciendo, confiemos en que Él está haciendo bien las cosas.

¿Cuál es el punto en que empiezas a quejarte?

Un jueves, Dios hizo algo tremendo por mí; se movió milagrosamente para suplir una necesidad financiera. Pero el siguiente lunes por la mañana, las cosas no parecían tan grandiosas.

Me desperté con el ruido de agua corriendo. Eso no hubiera sido ningún problema, excepto por el hecho de que eran las cuatro de la mañana, y no había nadie bajo la ducha. Me levanté y comencé a investigar de dónde provenía el ruido. Finalmente llegué al garaje, y me encontré con una catarata de agua cayendo.

Busqué la válvula general de agua e intenté cerrarla, pensando en llamar al servicio de reparación cuando pudiéramos pagarle. Enseguida me di cuenta que, me gustase o no, tenía que llamarlo inmediatamente. Ni el técnico pudo encontrar enseguida el desperfecto.

Varias horas después salió del garaje todo transpirado (eso siempre es señal segura que va a costar muchos dólares), diciendo que la pérdida estaba debajo de los cimientos del calentador general del agua. Dijo que tendría que romper el cemento.

—Bien, no vamos a tener agua durante un mes, así que vayamos acostumbrándonos —me dije.

Para empeorar las cosas, descubrí que el inodoro no paraba de echar agua en mi dormitorio y en el armario de la ropa. ¡El aroma era otra cosa más! Era un desastre. Tuvimos que acarrear agua y había una olor tan desagradable que me deprimí y busqué a quién echarle la culpa.

Mi marido estaba en Rusia en ese momento. Cuando llamó, el primer pensamiento que tuve fue: «*Bien, ahora tengo a quien echarle la culpa.*» Empecé a llorar y le dije que tendría que estar en casa, ya que, después de todo, esto era un asunto de hombres.

—No sé con qué voy a pagar todo esto —seguí llorando.

Después de escucharme un rato, habló:

—Querida, no puedo creerte. Eres culpable del pecado de los hijos de Israel.

Por un segundo, tuve la clara noción de colgar el teléfono. Lo dejé pasar.

—Bien, ¿cuántos hijos de Israel? —le pregunté—. ¿Todos o tal vez tres o cuatro?

Él me recordó cuando los hijos de Israel comenzaron a quejarse y a preocuparse por la comida a los dos meses y medio después que Dios abriera a su paso el Mar Rojo, y que ellos lo cruzaran en seco (Éxodo 16.1). Dios se había movido tan poderosamente aquel jueves y no había llegado el lunes que ya me estaba quejando y protestando. Yo era peor que los israelitas. El Espíritu Santo tocó mi corazón con las palabras de mi marido.

—Lamento no haber estado en casa, pero el Señor permitió que sucediera esto porque Él quería ver lo que había en tu corazón; quería ver en qué punto te quejabas.

En ese momento, no sabía si quejarme con él: «Es que tú no comprendes», o seguir adelante y arrepentirme. Cuando encaramos una crisis, nuestro instinto natural es contarle a alguien nuestro problema para ganarnos su simpatía, cuando lo que realmente necesitamos es alguien que desafíe a nuestro espíritu y no que nos pase la mano por el hombro.

Le dije a Randi que tenía razón. Después de colgar, caí sobre mi rostro y me arrepentí delante del Señor. Ya ves, ni yo me había percatado lo que había en mi corazón. En cuanto el diablo me atacó, salió de mí lo que había en mi interior ...y no me gustó lo que vi.

Cuando los hijos de Israel se quejaron: «¡Nos han

traído a este desierto para matarnos de hambre...!», Él les contestó: «Os haré llover pan del cielo...» (ver Éxodo 16.3,4,14).

Dios hizo llover maná del cielo. El Señor instruyó al pueblo para que salieran todos los días y recogieran lo suficiente para ese día. Los estaba probando para ver si seguían sus instrucciones. Él les daba provisiones día por día.

El maná es la provisión diaria de Dios para nosotros. Es la misericordia de Dios para ti. Nos emocionamos mucho con el maná. Cantamos canciones sobre el maná.

El maná es bueno, pero es una dieta temporal, no es la comida con la que se supone vayamos a vivir siempre. Mantuvo con vida a los israelitas, pero no era carne con papas. Tú quieres algo más de la vida que sólo mantenerte vivo. Quieres carne con papas.

En una ocasión comencé un programa muy conocido para perder peso. Nos decían que cuando tuviéramos hambre, comiésemos tortas de arroz. ¿Alguna vez comiste tortas de arroz? A mí me saben a aserrín comprimido y unido con pegamento. Eso había que comerlo con yogur natural, sin sabor, y medio vaso de leche descremada para aplacar el hambre. Pero no era lo que deseaba. Yo quería una barra grandota de chocolate.

Aunque el maná era dulce, creo que comer eso solo durante cuarenta años puede llegar a atorarse en tu garganta. Algunas de ustedes están cansadas y enfermas de la misma cosa. Está bien, Dios quiere que estén tan aburridas de estar enfermas y cansadas, que hagan algo al respecto.

Tengo un dicho: «Si siempre haces lo que siempre has hecho, tendrás lo que tienes ahora.» Dios quiere movernos hacia una fe audaz. Dile a Dios: «Sé que adonde me lleves, me proveerás.»

Sigue avanzando

Cuando los hijos de Israel llegaron al límite de la tierra que Dios les había prometido, enviaron doce espías al país (ver Números 13,14). Eligieron un hombre por cada una de las doce tribus. Anduvieron cuarenta días, mirando todo y averiguando para traer un informe a su pueblo.

Bajo el peso de un gran cargamento de uvas y frutas de la tierra prometida que «fluye leche y miel», todos los espías, menos dos de ellos, trajeron un informe negativo. «[viven] en ciudades fortificadas ... También vimos allí gigantes muy grandes; nosotros, comparados con ellos, éramos como langostas. ¡Es imposible pelear contra ellos...!» (ver versículos 28 y 33), informaron los diez.

Josué y Caleb fueron los únicos dos que creyeron que podían obedecer a Dios y entrar inmediatamente a poseer la tierra prometida. Trataron de convencer al pueblo para que actuara en fe, pero los israelitas no escucharon.

Como sucede frecuentemente cuando hay falta de fe, comienzan las quejas y las murmuraciones. Dios se enojó por su falta de fe y obediencia. Finalmente, Dios dictaminó que ninguno de los adultos pondría jamás su pie en la tierra prometida. Se pasarían los próximos cuarenta años errando por el desierto hasta que murieran todos.

Los diez espías que dieron el informe negativo, incitando al pueblo a quejarse, fueron consumidos inmediatamente por una plaga y murieron. Ni siquiera tuvieron cuarenta años de vida en el desierto.

Dios es un Dios misericordioso. Él tolera nuestra inmadurez, pero llega un momento en que debemos alcanzar la madurez en Cristo. Si no lo hacemos, si no cumplimos nuestro destino y no andamos en las cosas que Espíritu de Dios tiene para nosotros, entonces, Él le dará esa misión a otra persona.

Un editor cristiano me invitó a hablarle a su plantel.

—Dios quiere levantar un pueblo con una palabra actual para su cuerpo —dijo—. ¿Podría venir a darnos esa palabra de actualidad?

Me quedé pensando un buen rato ...bueno, lo que duró el viaje hasta el lugar de reunión.

—Actualmente necesito una palabra actual —le dije al Señor.

—Una palabra actual es lo que estoy haciendo hoy en la tierra —me dijo el Señor.

Así de simple y hermoso. No es un gran secreto. No tienes que estudiar quince traducciones de la Biblia y pasarte diez horas por día orando. Entra en la presencia del Señor y pídele que hable por ti. ¿Has estado teniendo luchas en tu trabajo, con tus finanzas, con depresiones? Estás viviendo del maná, lo que es temporal.

Moisés sacó a los hijos de Israel del desierto, pero Josué los llevó a la tierra prometida. Estaban cansados y enfermos de estar cansados y enfermos, y tomaron la decisión de entrar.

Puede que tú seas quien se tenga que parar en fe a favor de tu familia, pero te sugiero que sigas adelante. Cuando los israelíes llegaron al Jordán, pusieron el pie en el agua y estas se separaron. Cruzaron el río en seco. Puede que te encuentres más cerca de tu «tierra seca» de lo que te imaginas.

Con frecuencia cantamos canciones en las que le pedimos a Dios que nos moldee, nos quebrante, nos llene... ¿y Dios que hace? Nos coloca en situaciones que hacen exactamente eso. Hasta puedo ver al ángel cuando Dios está listo para derretirnos. Le dice que avive el fuego. Es tan caliente que el ángel tiene que usar tenazas; luego aplica el calor. Y nosotras comenzamos a llorar. Todo lo que Dios está haciendo es lo que le pedimos que haga. Él quema la vieja carne. Entonces nos moldea, haciendo de nosotras lo que quiere que seamos.

Es doloroso. Me encantaría poder decirte que Dios te va a llevar de paseo a Disneylandia y que te divertirás, pero no funciona así.

Cuando los hijos de Israel llegaron a Canaán, dejó de caer el maná del cielo cada mañana. Habían llegado a la tierra que fluye leche y miel. ¿La leche caía en cascadas desde las montañas? No. ¿Dónde estaba la leche? En las vacas, por supuesto.

—Eso es grandioso. Ahora tengo que aguantarme estas moscas y sentarme a ordeñar la vaca.

»¿Y qué sucede con la miel? ¿En el panal? Creí que estaría ahí. ¡Ahhh! ¡¿Ahora debo ir y exponerme a ser picada...?!

Las cosas nunca resultan como nos imaginamos, ¿verdad? Era mucho más fácil en la carpa. Levantas el viejo toldo mientras los demás están cómodos dentro de sus bolsas de dormir, comiendo su maná y dándole a toda la familia.

Nunca deja de asombrarme cómo muchos preciosos creyentes se contentan viviendo en el desierto, donde solo hay maná. Después de un tiempo, el maná llegó a ser aburrido para los hijos de Israel y querían algo más. Quisieron llamar la atención de Dios, quejándose y murmurando.

Hoy en día es lo mismo. En cuanto satisfacemos nuestras necesidades, nos volvemos complacientes y nuestra fe nunca es desafiada.

Tres millones de Israelitas se quejaron mientras que un hombre, Moisés, oraba. Dios escuchó y actuó debido a ese hombre. Créeme, sé por experiencia que, en lo que a Dios concierne, las quejas no te llevan a ninguna parte. La Palabra dice: «El Señor habita en medio de las alabanzas de su pueblo.» ¿Y quién habita en medio de las quejas? Estas atraen al enemigo, mientras que la alabanza atrae a Dios y Él actúa en medio de nuestro problema.

Si has perdido la esperanza por tu problema, tu necesidad o tu situación, el Señor tiene buenas nuevas para ti:

1. Vuelve al lugar de la entrega total.
2. Empieza a alabarlo verbalmente, y a darle gracias a Dios.
3. Piensa en tu Padre amante, no sólo como tu proveedor sino también como tu provisión.

¡Él no es solamente el pan para tu vida; Él es el pan de vida!

Epílogo

Una de las preguntas que me hacen con frecuencia es: «¿Cuándo y cómo empezaste a usar el don de profecía?»

Me parece que fue ayer. Estaba sentada al piano, tocando suavemente una música de fondo, mientras Randi ministraba a la congregación. Él me miró y me dijo:

—Querida, el Espíritu del Señor ha venido sobre ti para que profetices. Ven acá y di lo que el Señor está diciendo.

Humillada, lo miré tratando de parecer espiritual. Con una tenue sonrisa, negué con la cabeza:

—No; no tengo nada —y seguí tocando.

—Ven y di lo que el Espíritu Santo te está diciendo —repitió. Me levanté con lágrimas en los ojos y fui hasta donde él se encontraba. Diré con franqueza que no eran lágrimas del Espíritu Santo. Lloraba de vergüenza y humillación, porque lo último que hubiese querido hacer era profetizarle a un alma desprevenida. Pero Randi llamó a una querida hermana de la congregación y me miró.

—Profetízale la palabra del Señor.

En ese momento supe que si me presentaba delante de un juez y le decía: «Mi marido me hizo profetizar y yo no quería», me hubiese otorgado el divorcio inmediatamente. Pero, no había manera de rehuir, por lo que comencé a orar en el Espíritu y comencé a profetizar.

—El Señor dice que o en el pasado, o en el futuro o ahora, obro por ti, obraré por ti o he obrado por ti.

Con esa profunda declaración, me volví a sentar al piano.

—Vuelve acá. Creo que el Señor quiere hablarle a ella acerca de su esposo — me dijo mi marido, mirándome.

Si las miradas pueden matar, él hubiese quedado fulminado en el piso de la plataforma. Pensé: «Ya tendré algunas palabras para él cuando lleguemos a casa.» Pero sabía que era mejor que volviese a levantarme e hiciera lo que me pedía.

—¿Eres casada? —le pregunté a la mujer.

—No —me contestó.

—Dios te va a dar un marido —le dije. Cuando me senté, ella comenzó a gritar y a alegrarse.

Esa fue mi primer profecía. (Afortunadamente, desde ese momento Dios ha aumentado misericordiosamente su unción sobre mí y ha perfeccionado el don). ¿Te puedes imaginar mi sorpresa cuando recibí una carta de esa mujer, seis meses después de aquella profecía, diciendo que se había casado?

Cuando empezamos a decir lo que sentimos que Dios está diciendo, la fe se libera en la vida de esa persona. La fe les da esperanza y la esperanza les da el poder de esperar hasta que la promesa de Dios se cumpla.

Debido a las pruebas y las dificultades con los que me he enfrentado y vencido, siento una mayor medida de unción en mi vida. Pero las demandas del matrimonio, la maternidad y el ministerio nunca terminarán. Siempre tendré una pila de ropa para lavar, un hijo que necesite mi atención, una pileta llena de platos sucios, un trabajo que demanda atención, una familia hambrienta, o, como en mi caso, un avión que abordar. Pero mi pregunta es la siguiente: ¿dónde están nuestras prioridades?

El Señor entiende que debes tener las manos de Marta para realizar esas tareas. Pero, lo más importante es que tengas el corazón de María. El Padre se siente complacido cuando te sientas a sus pies y pasas tiempo en su presencia.

Fue cuando comencé a seguir este principio que el Señor cambió mi «Creta» por mi corona, y mi desgracia se convirtió en mi ministerio. Dios cambió todo mi entorno cuando el enemigo insistió en decirme:

—¿Y cómo hará Dios para que suceda eso?

Pero el Espíritu Santo me urgió a mantenerme firme en la promesa. Lo hice y triunfé.

Creo que Dios te liberará y soltará el gozo en ti. Él cumplirá tu destino. Sus promesas para ti se cumplirán si esperas y lo dejas moverse en ti.

No estés ansiosa ni esperes que todo suceda de la noche a la mañana, porque no es así de simple. Pero Dios tiene un plan para ti y justo cuando creas que ya no puedes más, recuerda que la victoria está un paso más adelante de caer desmayada. Ponte en marcha y ¡ganarás!